Eva KOCHT FÜR Adam

natürlich
vollwertig

OLLI LEEB

2. Auflage 1997 ISBN 3-921799-78-3

Druck: Biering GmbH, 80939 München
Grafik: Kerrin von Carnap, Icking
Fotos: Michael Volkmann, München
S.17 Komplett Büro, München
Repro: Oestreicher + Wagner, München
Bindung: R. Oldenburg, Kirchheim

Schutzklappen: Gebrauchsmusterschutz eingetragen
Nr. B 42 D 3-04 GM 97 30 597

Printed in Germany

Inhalt

Eva kocht für Adam, diese Rollenverteilung gilt seit Anbeginn und glücklich kann sich Ihr Adam preisen, wenn Sie, liebe Eva, diese Rolle gut beherrschen. Sie übernehmen damit eine große Verantwortung für sich, für Adam und die Familie. Es gilt alle gesund, munter und leistungsfähig zu erhalten - und dies täglich neu. Das scheint im ersten Augenblick etwas schwierig zu sein-ist es aber nicht. Wenn Sie sich dem Kochen widmen können, ist das eine der kreativsten Beschäftigungen überhaupt. Warum wohl drängen sich immer mehr Männer an den Herd? Wichtig ist natürlich **was** und **wie** Sie kochen um obigen Ansprüchen gerecht zu werden.

So mancher Adam ist schon "krankgekocht" worden, einfach deshalb, weil alte Essensgewohnheiten nicht mehr in unsere Zeit passen, in der die schweren körperlichen Betätigungen fehlen. Omas Rezepte waren zwar sehr gut, aber für heutige Verhältnisse mit

zuviel Fleisch und Wurst - zu üppig - zu fett - zu salzig- zu sauer - zu süß - zu wenig Frischkost - und zu lange gekocht.

Mit dieser Negativliste ist eigentlich schon gesagt, was Sie **nicht** machen sollten. Und jetzt, wie es sein sollte:

Kochen Sie mit

*

Freude
Liebe
Phantasie und
Verstand

*

und:

Kochen Sie in erster Linie

abwechslungsreich

um eine einseitige Ernährung mit nachfolgenden Mangelerscheinungen auszuschließen. Außerdem macht das Essen dann Freude.

Kochen Sie

vollwertig

Informationen finden Sie auf der folgenden Seite.
Vollwert muß nicht absolut fleischlos sein, es kommt jedoch sehr auf Maß und Qualität an.

Vor Jahren schon wurde ich von meinen Lesern gebeten, ein Buch mit vegetarischen Rezepten zu bringen. Ich konnte mich nicht dafür begeistern, bis ich Rezepte ausprobierte für die ovolakto-vegetabile Ernährung, also pflanzliche Kost mit Eiern und Molkereiprodukten. Mit Sojaprodukten und Sprossen bereichert, um den Eiweißbedarf zu decken, liegt das Buch nun vor und ich wünsche, daß es Ihnen Spaß macht daraus zu kochen und daß Sie auch von Adam gebührend gelobt werden.

Ihre

München, September 1989

Vollwert nur wertvoll wenn voll Wert

Der beste Koch kann aus schlechten Zutaten kein vollwertiges Essen zaubern - und die besten Zutaten können von einem schlechten Koch verdorben werden. So steht es auch mit Vollwertprodukten. Der Wert der Vollwertküche beginnt bereits beim Einkauf*. Die nächste Klippe ist die Zubereitung der vollwertigen Zutaten, damit sie auch wertvoll bleiben. Dabei soll Ihnen dieses Buch zu einzelnen Themen z.B. Salatwaschen* oder Gemüse* in den Rubriken Hinweise und Tips vermitteln. Siehe auch Tofu A 34.

Was essen?

1. Viel **frische** Rohkost, Salat, Sprossen, Keime, Samen, Gemüse, Nüsse. **Rohes Obst, jedoch** nicht **nach** einer anderen Mahlzeit. Obst muß immer ausgereift sein.

2. **Vollkornprodukte,** am besten in Form von Vollkorn- oder Knäckebrot mit aufgeschlossenem Korn. Ferner alle Getreideflocken, Teigwaren aus Vollkorn- oder Dinkelmehl, Vollreis und Hirse.

3. **Möglichst natürliche Fette,** frische Butter, Distel-, Sonnenblumen-, Samen- und Nußöle. Olivenöl ist in kühleren Zonen zu dickflüssig, enthält wesentlich weniger ungesättigte Fettsäuren und ist deshalb in den Rezepten nur selten erwähnt. Gehärtete Fette, Plattenfette, auch wenn pflanzlicher Herkunft, meiden. Der Schmelzpunkt des Fettes soll dem der Körpertemperatur am nächsten liegen.

4. **Gemüse roh und kurz gegart.** Manche Gemüse müssen gekocht werden, da sie sonst unverträglich sind. Siehe Seite E 73.

5. **Von Milchprodukten:** Dickmilch, Joghurt, Sahne, Quark, Frischkäse, alle Käsesorten außer Schmelzkäse. Bedenken: Bei Magermilchprodukten gehen auch Vitalstoffe verloren!

Was den Schmied stark macht, zerreißt den Schneider
(Altes Sprichwort)

Die individuelle Ernährung

Obiges Sprichwort trifft in kurzen Worten unser heutiges Problem.Durch die mangelnde körperliche Tätigkeit (Mechanisierung auf allen Gebieten) **und** mangelnde Bewegung (Autofahren etc.), gibt es viel mehr Schneider als Schmiede. Aber wen kümmert das schon? Das Lebensmittelangebot ist so umfassend wie nie zuvor und die Versuchung groß. Außerdem ist chick essen gehen "in". Und da gibt es kleine, flinke Spatzen, die alles essen können, ohne dick zu werden und andere, bei denen alles "anschlägt". Wie kommt es dazu? Der individuelle Bedarf macht es, der so oft überschätzt wird.

Wenn Sie keine Gewichtsprobleme haben und gesund sind, haben Sie sicher die richtige Ernährungsweise für sich gefunden.

Sollten Sie oder auch Adam wegen fehlender körperlicher Belastung bereits übergewichtig sein- regulieren Sie dies mit einer gezielten, aber individuell gestalteten Ernährung und zwar bald, bevor sich die bekannten Beschwerden einstellen. Wiegen Sie aber nicht die Zutaten, sondern sich selbst und täglich. Schnell werden Sie feststellen, bei welchen Anlässen Sie zunehmen. Schaffen Sie gleich einen Ausgleich, indem Sie an solchen Tagen das Abendessen einfach ausfallen lassen.

Essen Sie Ihren Bedürfnissen entsprechend, nur wenn Sie Hunger haben, nichts was Sie nicht mögen, nichts zwischendurch, falls vom Arzt nicht extra verordnet, so kommen Sie schnell in einen normalen Rhythmus, in dem Sie Ihren ganz individuellen **Bedarf** decken können. Es liegt an Ihnen, liebe Eva, festzustellen, ob Ihr Adam ein Schmied oder ein Schneider ist, damit Sie dies bei Ihren Kochkünsten berücksichtigen können.

Mit Rezepten dieses Buches ist das ganz leicht zu erreichen.

und wenn es einmal sein muß... fasten

nicht nur, wenn der Rockbund zu eng wird oder Adams Bäuchlein sich über den Hosengürtel wölbt, sondern wenn dieses und jenes Wehwehchen auftritt, wenn man müde und abgeschlagen ist und sich in seiner Haut nicht mehr wohl fühlt, dann ist es Zeit, sich für eine Heilfastenkur zu entschließen. Suchen Sie sich eine ausgesprochene **Heil**fasten - Klinik aus mit erfahrenen Ärzten. Jedes Modefasten nur der Linie wegen bringt nichts.

Heilfasten, die Königin aller Therapien, aktiviert die körpereigenen Heilungs- und Abwehrkräfte, bereinigt den Stoffwechsel und bewirkt eine tiefgreifende Umstellung. Der Körper verbrennt seine überschüssigen Depots und abgelagerte Schadstoffe werden ausgeschieden. Durch die Nahrungsenthaltung wird der größte Kraftverbrauch des Tages, die Verdauungsarbeit eingespart und der Körper auf "Müllverbrennung" umgeschaltet. Das Hungergefühl verschwindet sehr schnell und Sie fühlen sich körperlich wohl und sind geistig in Hochform.

Mit der körperlichen Entschlackung und Entgiftung erfolgt auch eine seelische Umstimmung. Sie gewinnen Abstand vom Alltag, Sie nehmen alles gelassener und zufriedener hin. Das ist ja auch die Grundtendenz der großen Religionen, die das regelmäßige Fasten vorschreiben.

Fasten ist gleichzeitig eine Verjüngungskur, die sich auf Haut und Organismus auswirkt. Nicht zuletzt auch auf eine Selbstsicherheit, denn Sie haben ja schließlich etwas geschafft.

Eine richtige Fastenkur können Sie zu Hause trotz vieler Empfehlungen nicht mit Erfolg durchführen, da die zusätzlichen Behandlungen, Spezialbäder, Massagen etc. und vor allem die notwendige Ruhe und Entspannung fehlen.
Das einzige Fasten, das Sie zu Hause mit Erfolg tätigen können, ist, nachts eine lange Essenspause einzuhalten. Spielend bringen Sie 12 -14 Std. zusammen. Wenn Sie vielleicht zusätzlich wöchentlich noch einen Entlastungstag einlegen möchten, sind Sie top-fit.

nach dem Fasten

Leicht, beschwingt und fröhlich verlassen Sie die Klinik und haben nur den einen Wunsch, daß sich dieser Zustand nicht ändert. Und gerade diesen Wunsch können Sie sich, liebe Eva oder lieber Adam, selbst erfüllen.

Die Grundlage für eine neue Ernährungsweise ist gelegt.

Ihr Geschmacksempfinden ist sensibel geworden und Sie schmekken wieder richtig und das bedeutet, daß Sie **jetzt alles**

zu salzig - zu sauer und zu süß

empfinden.

Bewahren Sie sich dieses Empfinden!

Es wird Ihnen manche Pfunde Gewicht ersparen und gesundheitlich für Sie von großem Nutzen sein. Auf Süßes werden Sie keine große Lust verspüren, wenn Sie diesbezüglich Probleme hatten, seien Sie standhaft. Sie werden glücklich sein wie ein Raucher, der es geschafft hat, Nichtraucher zu sein.

Das notwendige **Trinken** haben Sie in der Klinik gelernt. Vergessen Sie es zu Hause nicht. Am besten zwischen den Mahlzeiten.

Gehen Sie nach dem Abfasten in der Klinik daheim in kleinen Schritten vorwärts. Keine Festessen etc.- es könnten ernste Komplikationen auftreten.

Sie werden sehen, mit welch kleinen Portionen Sie schon satt werden. Behalten Sie das **Langsamessen** bei und genießen Sie jeden Bissen.In diesem Buch finden Sie eine Menge Rezepte, die Sie nach dem Abfasten dann zu Hause gut einplanen können. Meiden Sie jedoch am Anfang noch Bohnen und Kohlsorten.

Legen Sie,wenn möglich, wöchentlich einen Entlastungstag ein, wenn Sie nicht beschäftigt sind. Entweder einen Obsttag, Dinkel- oder Kartoffelsuppe oder Pellkartoffeln mit Quark etc. und zwischendurch viel trinken.

Vergessen Sie die **Bewegung** in frischer **Luft** nicht, die für Ihre "innere Verbrennung" und Ihr gutes Aussehen sorgt.

Zum Gebrauch des Buches

Die Einteilung dieses Buches wird Sie vielleicht ein wenig überraschen. Nachdem ich mir für Sie ein gemeinsames Buch vorgestellt habe, ist der eine Teil für Sie, liebe Eva und der andere für Adam. Damit es keine Verwechslung im Alphabet und beim Gebrauch des Buches gibt, ist den Seitenzahlen jeweils ein E oder ein A vorangesetzt.

Das Buch ist in Rubriken eingeteilt, die Sie dem Inhaltsverzeichnis entnehmen können. Die Auflistung der einzelnen Rezepte finden Sie im Alphabetischen Register S.E 137.

Wenn Sie das betreffende Rezept gefunden haben, legen Sie bitte die beiden Klarsichtklappen, die am vorderen und rückseitigem Buchdeckel befestigt sind, auf die aufgeschlagenen Seiten. Diese sind somit vor unvermeidlichen Flecken geschützt und das Buch bleibt auch schön offen liegen. Sie brauchen bei keinem Rezept umblättern.

Die Rezepte sind so geschrieben, daß Sie die Zutaten für Ihren Einkaufszettel auf einen Blick sehen. Die Zubereitung ist auf der rechten Seite kurz gehalten, lesen Sie bitte genau, denn es ist wichtig, ob eine Zutat gestiftelt oder geraspelt verwendet wird, da dies ein anderes Ergebnis bringen würde.

Die Garzeiten sind angegeben, nicht aber die Zubereitungszeit, da diese von Ihrer küchentechnischen Ausrüstung abhängt. Jedenfalls sind die Rezepte so ausgewählt, daß sie auch für Berufstätige leicht nachvollziehbar sind.

Maße und Gewichte

Falls Sie keine Waage besitzen,
einige Tassenangaben:

	1 Teelöffel	1 Eßlöffel	1 Tasse
Butter weich	5 g	15 g	172 g
Haferflocken	2 g	8 g	70 g
Käse gerieben	3 g	10 g	80 g
Mehl	3 g	10 g	100 g
Quark	10 g	30 g	190 g
Reis	5 g	14 g	150 g
Salz	4 g	13 g	220 g
Vollkornbrösel	3 g	10 g	80 g

1 Tasse Wasser = 170 g = 15 El
100 g = 10 Deka

Zeichenerklärung

Tl Teelöffel
El Esslöffel
l Liter
ml Milliliter
g Gramm
Msp Messerspitze
* **vor** einer Zutat bedeutet: Unbedingt vorbereiten
* **nach** einem Rezepttitel bedeutet: Rezept im Buch vorhanden.
Siehe Abc Seite 137.

kleine Warenkunde Früchte

Wasserhaltige Nahrung ist für den menschlichen Körper, der zu 70% aus Wasser besteht, lebensnotwendig. Dieser Pegel muß erhalten bleiben, sonst treten Störungen auf. Da die Feuchtigkeit aus frischen Früchten besser gespeichert werden kann als durch Getränke, bieten sich in erster Linie Obst und Früchte bestens an, zumal sie auch noch die Hauptlieferanten von hochwertigsten Vitaminen sind. Wenn Sie morgens nur Obst essen oder ein Früchtemüsli zu sich nehmen, beinhaltet es je nach Fruchtauswahl fast schon den Vitaminbedarf für den ganzen Tag. Zudem sind Früchte mit die angenehmste und wohlschmeckendste Art, den Flüssigkeitsbedarf zu decken.

Über den Einkauf lesen Sie bitte bei Adam S.A 16
Um den vollen Wert der Früchte zu erhalten, müssen diese angesichts der Umwelteinflüsse, auch bei Bio-Ware, sorgfältig gereinigt werden. Vor allem Beeren bedürfen besonderer Sorgfalt, denn diese saugen sich bei normalem Waschen voll Wasser und werden dadurch sauer. Legen Sie deshalb Beeren, wie Himbeeren, Erdbeeren oder Brombeeren auf ein feuchtes Tuch und rollen Sie sie mit Hilfe des Tuches hin und her. Die feinen Härchen und der Staub bleiben am Tuch hängen. Johannisbeeren sind nicht so empfindlich und können in einem Sieb, das man in Wasser taucht, gewaschen werden.

Äpfel, Birnen, Kirschen, Pflaumen, Zwetschgen und Trauben entweder zuerst mit warmem, dann mit kaltem Wasser waschen, um anhaftende Rückstände zu beseitigen, oder aber Sie geben der Sicherheit halber Biosmon, ein Mineralsalzgemisch aus dem Reformhaus, in das Waschwasser, das Rückstände sehr gut löst, wie Sie hernach am Wasser feststellen können. Früchte, die nicht geschält werden, gut mit Küchenkrepp abreiben.

Somit wäre alles für einen genußvollen Verzehr vorbereitet.

Wichtig: Die in diesem Buch für Müsli angegebenen

Früchte roh essen,

denn gekochtes Obst hat nicht nur seine wertvollen Vitamine verloren, sondern wird auch sauer. Eine Ausnahme bildet der

APFEL, der auch als ungesüßter Apfelbrei gut schmeckt, gekühlt bildet er dabei Pektine, die verdauungsfördernd sind.

ANANAS wird gut mit fetthaltiger Nahrung fertig, da sie ein eiweißspaltendes Enzym enthält.

APRIKOSEN besitzen hohen Karotin-und Kaliumgehalt, der auch noch bei getrockneten Früchten enthalten ist.

BANANE nach dem Apfel liebstes Kind beim Verbraucher. Nicht zu Unrecht. 11 nachgewiesene Vitamine und hoher Mineralstoffanteil! Leicht verdaulich. Keine Säure.Ideal!

BEEREN an der Spitze Schwarze Johannisbeeren mit dem 4 fachen Vitamingehalt von Zitrusfrüchten.

KIWI hat sehr hohen Vitamin-C-Gehalt. Sehr viel Saft.

MANGO hat hohen Karotingehalt (Vit.A), bringt in einen Obstsalat viel Süße ein. Keinen Alkohol zu oder nach Mangos!

MELONEN, WASSERMELONEN sind kalorienarm aber auch vitaminarm. **Zuckermelonen,** die besten Galia, Cantalupe und Ogen, kalorienarm aber Vitamin A, B1 und B2 enthaltend.

ORANGEN Vit. C, in ganzer Frucht verzehren. Saft nur 1 Likörglas! Alte Evas und Adams Zitrusfrüchte wenig verwenden.

ZITRONEN den Saft und die Schale stets von einer unbehandelten Frucht verwenden. Vitamin-C- und kaliumhaltig. Schalen können zum Reiben eingefroren werden.

Vorrat für ein gutes Frühstück

Wer sucht schon gerne am frühen Morgen nach sämtlichen Zutaten für ein Müsli,womöglich aus einer Pappverpackung oder Tüte etc.! Lieber wird dann schnell zu einer Semmel oder sonst etwas gegriffen. Es empfiehlt sich deshalb im Küchenschrank ein kleines Plätzchen für diese Zutaten zu reservieren, damit alles griffbereit ist. Am besten wird Trockenware in durchsichtigen Behältern aufbewahrt, damit man nicht lange suchen muß. Um einer großen Abwechslung Rechnung zu tragen braucht man:

An Trockenware:

Dinkelflocken
kernige
Haferflocken
Hirseflöckchen
Koriander
Leinsamen
Mandeln ganz

Mandeln gerieben
Nüsse verschiedene
Pinienkerne
Sultaninen
Trockenfrüchte:
Aprikosen,Pflaumen
Weizenkeime

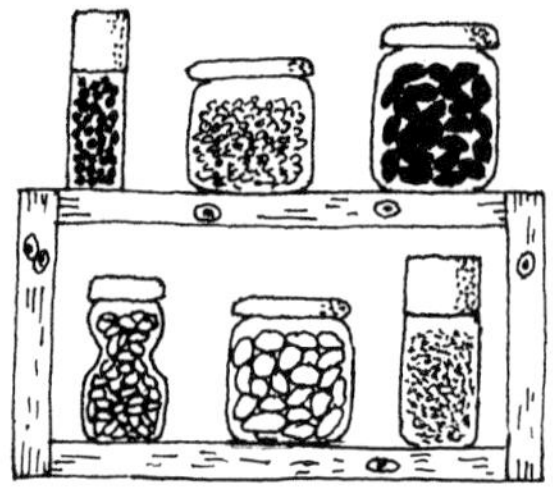

und ganz frisch:

immer der Jahreszeit entsprechend

Äpfel
Aprikosen
Avocado
Bananen
Blaubeeren
Birnen
Brombeeren
Erdbeeren

Himbeeren
Ingwer
Kirschen
Kiwi
Mandarine
Mango
Melone
Orange

Siehe Warenkunde S. E 16

Sprossen:

Alfalfa
Kresse
Leinsamen
Sonnenblumenkerne

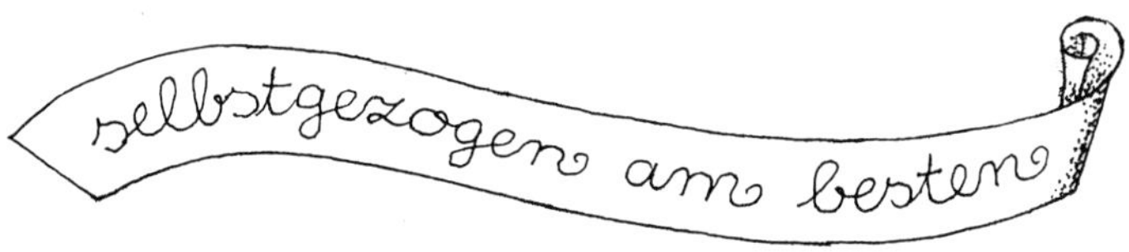

Wenn Sie kein Müsli - Fan sind oder auch nur eine Abwechslung möchten: Siehe Seite E 23

Das Frühstück

Bei keiner anderen Mahlzeit tritt der individuelle Geschmack und der persönliche Bedarf so unterschiedlich zutage wie bei einem Frühstück. Hier kommt es in erster Linie auf die persönlichen Essensgewohnheiten generell an. Wenn die Hauptmahlzeit mittags eingenommen werden kann, wird das Abendessen etwas knapper ausfallen und die Freude dadurch auf das Frühstück groß sein.

Können Sie aber aus beruflichen Gründen Ihre Hauptmahlzeit nur am Abend einnehmen,ist dies ein wenig komplizierter,jedenfalls wird der Appetit auf ein Frühstück nicht so groß sein. Keineswegs darf aber das Trinken ausfallen! Ob Sie während des Vormittags nur Obst essen oder das Frühstück als solches mittags nachholen, werden Sie selbst am besten entscheiden können. Aber eines bitte nicht: Wurstsemmel oder ähnliches als Ersatz für etwas Vollwertiges.

Wenn Sie richtig frühstücken, lassen Sie sich Zeit. Ein bißchen früher aufstehen lohnt sich. Was soll denn aus einem Tag werden, der am frühen Morgen schon mit Hetze beginnt!

Auf den folgenden Seiten wird Ihnen eine Auswahl von Frühstücksrezepten angeboten. Gestalten Sie die erste Mahlzeit des Tages liebevoll und täglich ein bißchen anders. Adam wird es Ihnen danken und die Morgenzeitung erst garnicht in die Hand nehmen. Oder werden Sie von Adam verwöhnt und er stellt ein ideenreiches Frühstück zusammen?

Genfer Creme

Dieses Rezept erhielt ich aus der Schweiz und weiß, daß es dafür Liebhaber gibt. Dieses Frühstück sollte alle wichtigen Nährstoffe für den Tag liefern. Das Leinöl ist besonders wichtig. Es hat eine bestimmte Aufgabe:den Verdauungstrakt entgiften zu helfen.

Für 1 Person:

2 El Quark	verrühren,
1 El Speiseleinöl	darunterschlagen bis es nicht mehr sichtbar ist.
1 reife Banane	zufügen und mit einer Gabel gut zerdrücken. Den Saft von
1/2 Zitrone oder	
1/2 Orange	einrühren,
1 Apfel	gewaschen und mit der Schale gerieben zufügen. Dieser macht die Creme besonders luftig.
1 gehäuften El Dinkel- oder Hirseflöckchen	unterheben. Nach Belieben kann man noch
ein weing Zimt	darüberpudern.

Sie brauchen nicht extra Magerquark zu verwenden. Bei der kleinen Menge fällt der Fettgehalt nicht ins Gewicht.

Übrigens ist Quark mit Leinöl gut verschlagen auch zu Pellkartoffeln zu empfehlen. Für abends vormerken.

Müsli am Morgen sollte der erste Genuß sein und auf den Bedarf des einzelnen abgestimmt sein. Bei Fertigmischungen müssen Sie oft mit einem stattlichen Zuckeranteil rechnen, darum ist es besser, sich ein ganz persönliches Müsli zu mixen. Wechseln Sie mit den Zutaten und der Zubereitung ab. Ob mit vielen Früchten, Sprossen, Nüssen, was das leichteste sein dürfte, oder mit Getreideflocken oder Quark mit Leinöl, es muß so gut sein, daß Sie sich täglich darauf freuen. Hier ein ganz spezielles Herren-Müsli für Adam, das aber bei Eva sicher auch Anklang findet.

Müsli

für Adam ist nicht süß und enthält sehr viele Vitamine.

Für 1 Person:

1 El gekeimte Sonnenblumenkerne	in ein Schüsselchen geben,
1 El Mandeln mit der Schale	gerieben und
1 Tl Leinsamen	geschrotet zugeben.
4 getrocknete Aprikosen	in Streifen geschnitten
1 Tl Sultaninen	
1 großen Apfel	gewaschen, mit der Schale gerieben zufügen.
1 El Weizenkeime	anstreuen,
1/4 Tl Koriandersamen und	
1 Tl Sesamsaat	am besten nur ganz leicht angeröstet zufügen und
2 El Alfalfasprossen	locker unterheben.

Müsli

Unser Hausrezept

Für 2 Personen:

1 El Butter	In einer Stielpfanne zerlassen,
2 El Haferflocken 2 El Dinkel oder 2 El Vierkornflocken	einstreuen und ganz leicht anrösten, dann
2 El geriebene Nüsse 1 El Leinsamen und 1 El Weizenkeime	zufügen, gut umrühren.
2 El Sultaninen	untermischen. Fertig.

Am besten ohne Flüssigkeit, dann kann man schön kauen!
Wer möchte, kann Sahne darübergeben, auch sehr fein.

Müsli

aus der Klinik Dr. v. Weckbecker

Für 1 Person:

1 El Weizenkörner	geschrotet in
ca. 1/2 Tasse Wasser	einweichen, über Nacht stehen lassen. Früh
1/2 Banane	in Scheibchen schneiden,
1 Apfel	reiben, macht das Müsli locker!
2 El Orangensaft	einrühren. Das Obst und
1 El Leinsamen	in die
50 g Dickmilch	geben und mit den Körnern vermischen. Obenauf
1 El Weizen-oder Dinkelflocken	streuen. Als Krönung kommt
1 El Quark	mit
1 Tl Sanddornsaft und 1 Tl Leinöl	vermischt oben auf das Müsli.

Feines Müsli

Hier mixt sich jeder sein individuelles Müsli zum Frühstück. **Adam** schnibbelt das Obst, **Eva** sorgt für die anderen Zutaten.

In hübschen Behältern stehen auf dem Frühstückstisch:

Fünfkornflocken	Sonnenblumenkerne	Weizenkeime
Hirseflocken	Cashewkerne	Leinsamen
Dinkelflocken	Mandeln gerieben	Sultaninen.

Dann kommt der Clou: Obstsalat* von Adam:

Banane in Scheibchen, Kiwi geschält in Scheiben, Apfel, Birne, Mango, Melone, Kirschen, Erdbeeren etc. alles, was gerade reif ist. Unreifes Obst hat keinen Vitamingehalt!

Wer Lust hat, kann sich Joghurt, Sahne oder Sauermilch darübergießen. Jeder nach seinem Geschmack und seinem Bedarf.

Müsli

in Melone ist sehr erfrischend, saftig und belastet nicht.

Für 2 Personen:

1 Ogen- oder kl. Netzmelone	halbieren, Kerne entfernen.
6 El Beeren der Saison	auf feuchtem Tuch abrollen,
3 El Alfalfasprossen	
2 El geriebene Mandeln und	
2 El Weizenkeime	mit den Beeren mischen und in die Melonenhälften füllen. Beim Essen immer ein Stückchen Melone mit abnehmen. Sehr fein!

Das andere Frühstück

Wenn Sie abends viel gegessen haben oder früh kein Müslifan sind, sollten Sie aber unbedingt etwas trinken und sei es nur Mineralwasser. Sollten Sie generell kein Frühstückstyp sein, essen Sie am besten bis zur nächsten Mahlzeit **nur Obst.**

Ein anderes Frühstücksangebot ist Brot, aber bitte keine weißen Brötchen. Wir haben so viele gute Vollkornbrotsorten, daß Sie nicht auch noch selbst zu backen brauchen. Es gibt Vier- und Fünfkornbrötchen, die ausgezeichnet schmecken etc..

Wählen Sie den richtigen Belag:

Mit **Butter** haben Sie ein wenig bearbeitetes Fett, von dem man weiß, daß es aus Milch hergestellt wird. Bei Margarine sind die einzelnen pflanzlichen öle nicht aufgelistet, außerdem muß Margarine sehr stark bearbeitet werden, um eine streichfähige Konsistenz zu erreichen. Sollten Sie aber mit Ihrer Margarine - Hausmarke zufrieden sein, sollen Sie sie weiter verwenden. Wegen des Cholesteringehaltes in Butter brauchen Sie keine Sorge zu haben, wenn Sie beim Kochen Samen- oder Distelöl verwenden und sonst viel vegetarisch essen.

Als Belag bieten sich viele frische Dinge an:

Quark mit Schnittlauch
Frischkäse oder Frühlingsquark*
Tomaten und selbstgezogene Sprossen
Radieschen und Radieschensprossen
Kräuterbutter selbstgemacht
Pürierte Avocado mit Zwiebelchen
Bananenscheibchen mit Curry bestreut
Mit Mixstab vermuste Nüsse
Butterbrot mit Weizenkeimen

Diese Liste ließe sich endlos fortführen, Sie werden sicher inzwischen schon auf eine gute Idee für morgen gekommen sein.

Porridge

Für 1 Person:

150 ml (knappe Tasse) Wasser	mit
1 Prise Salz	zum Kochen bringen,
4-5 El kernige Haferflocken	einstreuen, nur 2 Min. kurz aufkochen lassen.
100 ml (1/2 Becher) süße Sahne	leicht verschlagen, nach Belieben
ein wenig frischen Ingwer	hineinreiben oder auch einmal etwas
Zimt	daraufstreuen, Sahne locker unterheben.

Hirsebrei

Hirse macht gesunde Haut, Haare und Fingernägel und stärkt die Knochen. Also warum nicht mal Hirsebrei zum Frühstück oder abends? Süß oder mit Kräutern und Käse findet er immer Fans.

Für 1 Person:

1 Tasse Hirse	waschen, auf einem Sieb abtrocknen lassen, mit
300 ml Wasser und 1 Prise Salz	zum Kochen aufsetzen, wenn der Siedepunkt erreicht ist, nur bei kleinster Hitzeeinstellung weiterquellen lassen, ca. 15 Min., damit die Hirse nicht zu weich wird. Jetzt nach Belieben
1 Tl Honig und 100 ml (1/2 Becher) süße Sahne	flüssig oder geschlagen in den Brei einrühren. **Andere Möglichkeit:** In das Kochwasser 1 Gemüsebrühwürfel und 100 ml dicke,saure Sahne und Kräuter unterheben.

Nach dem Fasten oder wenn Sie einmal ein bißchen unpäßlich sind, ist ein Dinkelsüppchen eine Wohltat. Für diese

Dinkelsuppe

brauchen Sie für 2 Personen:

50 g Dinkelkörner	frisch gemahlen (sehr fein). Von
1/2 l Gemüsebrühe* **oder**	
1/2 l Wasser mit	
1 Msp Meersalz	5 El abnehmen und das Dinkelmehl damit anrühren. Die Brühe oder das Wasser zum Kochen aufsetzen. Das angerührte Dinkelmehl mit einem Schneebesen einschlagen, kurz aufkochen lassen und dann ca. 15 Min. auf kleiner Hitze ausquellen lassen. Sie können die Suppe mit verschiedenen Kräutern anreichern oder nach Belieben mit einem 1 El Sahne verfeinern.

Dinkel

ist eine ältere, anspruchslose Weizenart, wird in Franken und Schwaben angebaut. Unreifer Dinkel wird gedörrt und kommt als Grünkern in den Handel.

Salate und Vorspeisen

Salate und Rohkost sind die Grundpfeiler der vergetarischen Ernährung, liefern sie uns doch die wichtigsten Vitamine, Mineral- und Ballaststoffe, die wir dringend benötigen. Die Wertigkeit von Rohkost hängt weitgehend von der Frische der verwendeten Pflanzen ab. Werden Sie nicht müde nach natürlich gezogenen Salaten zu fragen. Verwenden Sie diese saisonbedingt, "im Sommer was über der Erde wächst, im Winter was unter der Erde wächst". (Prof.J. Angerer)

Aber auch der schönste biologisch einwandfreie Salat kann seinen Wert verlieren, wenn er zu lange der Sonne, Wärme und Trockenheit ausgesetzt war. Achten Sie beim Einkauf auf einheimische Ware, die keinen langen Transportwegen ausgesetzt ist.

Daß der gute, frische Salat auch seinen Wert behält, hängt dann von Ihrer Zubereitung ab, die bereits beim "Salatwaschen" S.E 34 beginnt. Bereiten Sie Salat nicht zu früh vor, sondern erst kurz vor dem Auftragen, dann ist er schön knackig frisch!

Salatsaucen

entscheiden, ob aus gewaschenen Salatblättern oder geriebenem Gemüse ein schmackhafter Salat wird oder er mit Recht als "Kaninchenfutter" bezeichnet werden kann. Da die Geschmacksrichtungen oft schon bei 2 Personen sehr unterschiedlich sind, bietet es sich an, einfach ein paar Lieblingssaucen herzustellen und in geeigneten Behältern im Kühlschrank aufzubewahren. Die Saucen halten ca. 6 Tage, jeder kann sich seine Lieblingssauce auf den Salat geben und Sie müssen nicht täglich sämtliche Zutaten neu mischen. Außerdem ist dann schnell etwas bei der Hand, wenn Besuch kommt. Bedenken Sie bei der Zubereitung, daß öl oder Sahne wichtig sind, um fettlösliche Vitamine (z.B.in Karotten) nutzbar zu machen.
Salatkräuter werden erst vor dem Auftragen untergemischt.

Salatsauce 1

Unsere Haussauce auf Vorrat:

3 Tl franz. Kräutersenf
2 Tl Flüssigwürze

verrühren, dann zufügen

1/2 Tasse Rotweinessig
1/2 Tasse süße Sahne
1 Tasse Samenöl

glatt verrühren und zum Schluß gut unterschlagen. Vor Gebrauch schütteln. **Sauce ist sämig.**

Salatsauce 2

Sauce Vinaigrette für 2-3 Portionen:

1 Tl scharfen Senf, 1 Msp Meersalz
1/2 Tl groben schwarzen Pfeffer
* 1 hartgekochtes Ei gehackt
2 kl. Schalotten feingehackt
2 1/2 El Weißweinessig
3 El Distelöl

Alle Zutaten nur verrühren, Sauce soll nicht dick werden.

Salatsauce 3

Onkel Peppis Sauce:
1 El Bayerischen süßen Senf
4 El Obstessig und
1 Tasse kalte Gemüsebrühe
1 Knoblauchzehe gepreßt
1/2 Zwiebel gehackt zufügen und
6 El öl einrühren.

Paßt gut zu festeren Blattsalaten.

Salatsauce 4

Cocktail-Sauce:
100 g Sellerie fein reiben, den Saft von
1 Orange darauftr äufeln,
3 El Mayonnaise* am besten Ihre selbstgemachte mit
2 El Cognac u.1 Msp Dajong fein abschmecken.
100 ml süße Sahne schlagen und unter die Sauce heben. **Sehr fein.**

Salatsauce 5

Joghurt-Quarksauce, als Dippsauce zu Rohkost.
1 Becher Joghurt, 4 El Quark verrühren.
1 kl.Stück Ingwer gerieben zufügen, mit
Flüssigwürze und 1/2 Tl Curry abschmecken und folgende Kräuter gehackt untermischen:
Liebstöckel, Zitronenmelisse, Estragon, Schnittlauch und Dill.

Salatsauce 6

für Olivenöl - Fans:
1 El Balsamico Essig und 1 El Olivenöl !

Bohnensalat mit Schafskäse

Für 2 Personen:

250-300 g Buschbohnen	vom Stiel befreien, waschen, nach Belieben brechen oder kleine Bohnen ganz lassen. Am besten in einem feuerfesten Topf mit Glasdeckel garen, dann sieht man ohne abzuheben, wie lange sie grün bleiben. Bohnen bißfest aber unbedingt durchgaren! Dann kurz mit Eiswürfel oder eiskaltem Wasser abschrecken, dann bleibt die grüne Farbe erhalten. Gleich mit
Salatsauce **1**	vermischen.
50 g Egerlinge	feucht abreiben, Stiel etwas kürzen, Pilze in Scheibchen schneiden und auf die Bohnen geben.
1 El Bohnenkraut	gehackt und
50 -70 g Schafskäse	verkrümelt darüberstreuen. Statt der Pilze können auch 5 El Maiskörner untergemischt werden. Oder Sie verwenden beides, dann wird der Salat sehr sättigend.

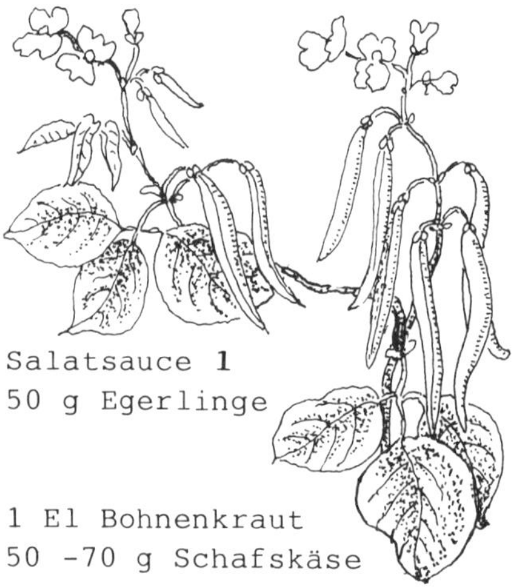

Weißer Bohnenkerne-Salat

Für 2 Personen:

250 g weiße Bohnenkerne	über Nacht einweichen, im Einweichwasser ca. 45 Min.köcheln. Gleich warm mit Salatsauce vermischen und gut durchziehen lassen. Zur Sauce werden vermischt:
1 Schalotte,1 Zehe Knoblauch	beide gepreßt,
3 El süßer Rahm	
1 El Rotweinessig und	
1/2 Tl Rosenpaprika.	

Die Bohnenkerne können auch mit grünen Bohnen vermischt werden.

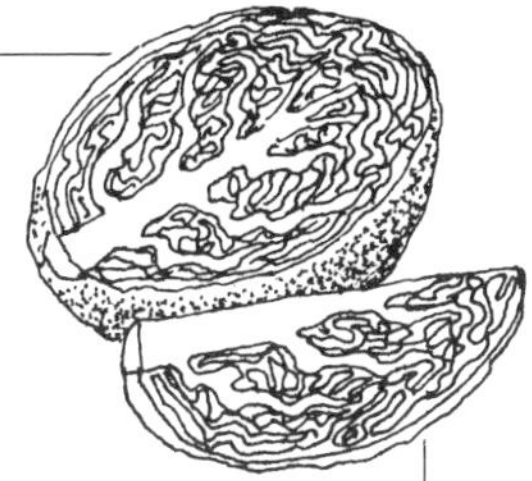

Weißkraut-Salat

Für 2 Personen:

1/2 kleinen, grünen Weißkrautkopf	vom Strunk und den äußersten Blättern befreien, gut in Salzwasser waschen, sehr fein mit breitem Messer schneiden
3 El öl und 1/2 Tl Meersalz	gut vermischen, zudecken und durchziehen lassen. In einem Becher
1 Tasse heiße Brühe oder Wasser	mit
3-4 El Weißweinessig	und frischgemahlenem,
schwarzen Pfeffer	sowie
Flüssigwürze	mischen und über den Salat gießen. Nach Bedarf nocheinmal durchziehen lassen. Dieser Salat ist vitaminreicher als gebrühter Krautsalat. Zur Abwechslung können Sie auch
1 gelbe Rübe (Möhre)	in den Salat raspeln. Zum Schluß
1 Tl Kümmel	untergemischt, hilft der Verdauung.

Spinatsalat

Für 2 Personen:

300 g jungen Spinat	von langen Stielen befreien, gut waschen, s. S. E 34. ausschütteln und ggf. etwas zerkleinern. Von
* 1 hartgekochten Ei*	den Dotter mit
1/2 Tl Senf, 1 Msp Salz 2 El öl und 2 El Rotweinessig	verrühren, unter den Spinat mischen und das gekochte Eiweiß in Streifen geschnitten darüberstreuen.

Rettich-Salat

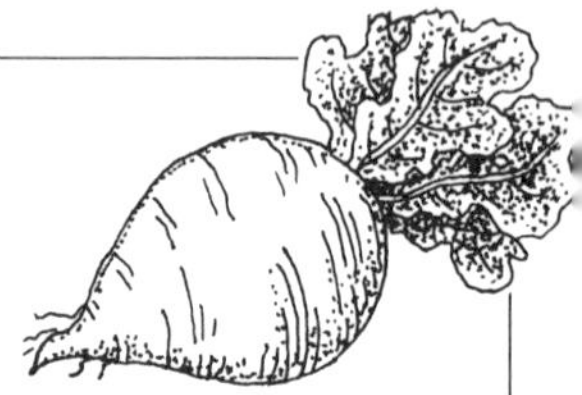

Für 2 Personen:

1 kl.Rettich	dünn schälen oder schaben, in eine Schüssel nach Belieben grob oder fein raspeln. Von
1 Bund Radieschen	die Blätter abschneiden (wenn sie sehr frisch sind, nicht wegwerfen, können wie Spinat verwendet werden.) Radieschen ebenso raspeln oder in Scheibchen geschnitten zufügen.
1/2 Tasse Sahne 1 Tl Flüssigwürze 1 Tl hellem Essig und	mit
schwarzem Pfeffer	frisch aus der Mühle, vermischen und über das Rettich-Radies-Gemisch geben. Mit
Schnittlauchröllchen	bestreuen.

Möhren-Zucchini-Rohkost

Für 2 Personen:

2 schmale gelbe Rüben 2 kleine Zucchini	bürsten, waschen und grob raspeln.
1 Apfel	von Stielen befreit, ebenso raspeln und zufügen. Den Saft von
1 Orange, 1 El Tomatenketchup 3 El süße Sahne	mischen und über die Rohkost geben.
Rosa Pfefferperlen und	gehackten
Dill	anstreuen.

Sprossen-Pilz-Salat

Für 2 Personen:

2 El getrocknete Mu-err-Pilze	ca.1/2 Std. in heißem Wasser einweichen.
100 g Champignons	mit feuchtem Küchenkrepp säubern, in Scheibchen schneiden und mit
2 El Zitronensaft	beträufeln.
100 g Austernpilze	wie Champignos säubern, Stiele etwas kürzen und die Pilze in Längsstreifen schneiden.
200 g Sojasprossen	gekauft oder selbstgezogene Mungobohnensprossen waschen, mit den eingeweichten und abgewaschenen Mu-err-Pilzen in
2 Tassen Gemüsebrühe*	leise köcheln lassen bis die Sprossen ein wenig glasig werden. Inzwischen die Sauce herstellen:
2 Knoblauchzehen	mit
2 El Sojasauce	
2 EL Weißweinessig	
2 El Reiswein oder	
2 El trockenen Weißwein	und
3-4 El öl	mit dem Mixstab zur sämigen Sauce vermischen. Diese über die frischen sowie über die gegarten, abgetropften Pilze und Sprossen gießen und locker unterheben. Nach Belieben können Sie diesen Salat variieren mit: feinnudelig geschnittenem Chinakohl, mit Alfalfasprossen oder mit kleingeschnittenen, entkernten Peperonischoten oder mit
*50 g Glasnudeln	die vor Beginn der Salatzubereitung warm eingeweicht werden, mit der Schere gekürzt kurz zu den Sprossen in die Gemüsebrühe kommen. Nur kurz, denn sie dürfen keineswegs zu weich werden.

Wichtiges Kapitel: Salatwaschen

Salat, vor allem Blattsalat, kann seine biologische Wertigkeit nur behalten, wenn er behutsam gewaschen wird. Bei den heutigen Umwelteinflüssen ist eine gründliche Säuberung selbst bei biologisch aufgezogenem Salat unbedingt notwendig - sie sollte jedoch so schonend wie möglich geschehen. Da unser Leitungswasser zu 99% chemisch aufbereitet ist und nichts mehr mit Quell- oder reinem Brunnenwasser zu tun hat, ist es sinnvoll, dem Wasser wenigstens teilweise wieder zuzusetzen, was es bei dem Aufbereitungsprozess verloren hat. Kommt der Salat nämlich in gewöhnliches Leitungswasser, wird er buchstäblich "ausgelaugt"und seiner Mineralstoffe beraubt.

Waschen Sie also auch nicht Blatt für Blatt schnell unter fließendem Leitungswasser. Lösen Sie lieber in einem sauberen Becken oder in einer großen Schüssel Biosmon aus dem Reformhaus nach Angabe oder zumindest 1 El Meersalz im Wasser auf, dann wird der Salat nicht ausgelaugt.
Die Salatblätter kommen unzerteilt hinein, werden locker eingetaucht und hochgehoben, Sie werden erstaunt sein, was sich alles gelöst hat. Ob Sie nun den Salat in eine Salatschleuder oder in ein Sieb zum Ausschleudern geben, ist Ihren Gewohnheiten überlassen. Jedenfalls sollten die Blätter nicht zu trocken und verknittert sein, sie benötigen sonst viel mehr Sauce und der Salat fällt dann leicht zusammen.

Wurzeln oder Knollen sind viel unempfindlicher und können unter fließendem Wasser bei Bedarf gebürstet werden, aber bitte immer unzerkleinert. Lediglich Lauch wird in Streifen oder Rädchen geschnitten gewaschen, damit der Sand ausgeschwemmt werden kann. Blumenkohl und Broccoli werden dagegen unzerteilt in warmes Salzwasser gelegt, um eine gründliche Reinigung zu erzielen.

Sprossen und Keime gleich in der Box in vorbereitetes Wasser (siehe oben) tauchen und ausschütteln.

Fachinformation Wasser
Dr.G.Seeger Bensberg

Feldsalat mit Walnußkernen

Feldsalat ist nicht nur ausgezeichnet im Geschmack, sondern besitzt auch noch besonders viele Mineralstoffe wie Kalium, Calcium und Eisen und reichlich Vitamine.
Nachdem dieser Salat jetzt im Gegensatz zu früheren Zeiten, ohne Erde und Wurzeln erhältlich ist, sollte man sich diesen Genuß nicht entgehen lassen. Man kann Feldsalat wie jeden anderen Blattsalat anmachen, dieses Rezept aus dem Tessin schmeckt aber besonders gut.

Für 2 Personen:

100-150 g Feldsalat	putzen, ggf. welke Blättchen entfernen, Stielansatz nicht zu weit wegschneiden sonst fallen die Röschen auseinander. Sehr gründlich erst in lauwarmem, dann im kalten Wasser waschen und gut ausgeschüttelt in den Kühlschrank geben, dann ist er besonders frisch. Inzwischen
1 Ei	10 Min. kochen, in kaltes Wasser legen und dann geschält hacken.
1 Schalotte	klein würfeln.
30-50 g Champignons	putzen, bei Bedarf mit feuchtem Küchencrepp abreiben,nicht waschen, in Scheibchen schneiden.
*2 El Walnußkerne	zuerst in
4 El Milch	legen, dann grob hacken.
1 Brötchen	in kleine Würfel schneiden und in
1 El Kräuterbutter	leicht anrösten. Zur Sauce:
1-2 El Balsamico-Essig	
1 El Rotwein	
1/2 Tl milden Senf und	
1 Tl Flüssigwürze	
1-2 El Distelöl	zusammen gut verschlagen. Den Salat mit allen Zutaten außer den Brotwürfelchen, mischen, letztere über den fertigen Salat streuen.

Grüner Salat

Damit ist im allgemeinen Kopfsalat, Häuptlsalat, gemeint. Die Sorten wurden inzwischen pausenlos gekreuzt und so gibt es jetzt eine Riesenauswahl an rotrandigen Salatsorten. Diese können Sie aber alle wie Grünen Salat bereiten und die Saucen wechseln, nur zu schwer sollten sie nicht sein.

Für 2 Personen:

1 Kopfsalat	vom Strunk befreien, die losen Blätter ungeteilt waschen* s.S. E 34 und gut ausschütteln. Jetzt erst die Rippen längs teilen, nicht entfernen, sie sind Ballaststoffe und außerdem fällt der Salat dann auch nicht zusammen.
50 g Gartenkresse oder	
30 g Alfalfasprossen	selbstgezogen oder gekauft,
1/2 Bund Radieschen	in Scheibchen,
1 Frühlingszwiebel	in Ringe geschnitten und
1 junge Karotte	grob geraspelt darübergeben.
4-5 El Salatsauce 1	gut gemixt darübergießen und locker vermischen. Anstelle der üblichen Salatkräuter können Sie auch einmal
die Blüten von Schnittlauch oder Kapuzinerkresse	auf den Salat streuen. Dies ist nicht nur für das Auge, sondern auch für den Gaumen und die Gesundheit.

Frisée-Salat

Dieser Salat ist besonders knusprig und läßt sich mit anderen Salaten sehr gut mischen. Er fällt nicht so leicht zusammen.

1 Staude Frisée — vom Strunk befreien, die äußeren harten Blätter entfernen, nach Vorschrift waschen und gut abtropfen lassen, in mundgerechte Stücke teilen und in eine Schüssel geben. Von

1 kleinen Radicchio — den Stiel entfernen, putzen und beiseite legen. Die Blätter waschen und mit dem Frisée abtropfen lassen. Große Blätter teilen, kleine ganz lassen. Die Salate auf eine Platte legen, Radicchiowurzel darüberreiben,

2 El Sonnenblumenkerne — leicht angekeimt, anstreuen. Mit

unserer Haus-Sauce* — beträufeln und gleich auftragen.

Auf die gleiche Art können Sie auch Löwenzahnsalat herstellen.

Romana-Salat

Für 2 Personen:

1 Staude Romana — von den äußeren Blättern befreien. Die Staude halbieren, nach Vorschrift waschen, gut ausschleudern und jede Hälfte auf einen Teller legen. Mit

schwarzem Pfeffer — aus der Mühle bestreuen.

2 El Balsamico-Essig mit
1/2 TL Flüssigwürze und
3 El öl — mit der Gabel gut verschlagen und über die Salathälften gießen. Wenn Sie gerade

Alfalfa-oder Radieschensprossen — haben, darüberstreuen. Den Salat etwas durchziehen lassen und erst bei Tisch in Stücke schneiden.

Schmeckt auch mit Pinienkernen gut.

Gurken-Rettich-Salat

Gurkensalat sollte erst kurz vor dem Essen angemacht werden, dann ist er gut verdaulich. Keinesfalls darf von Gurken oder Rettich der Saft abgegossen werden, denn dieser enthält genau die Stoffe, die zur Verdauung von Gurke und Rettich benötigt werden.
Die Kombination Gurke-Rettich macht den Salat sehr herzhaft

Für 2 Personen:

15 cm Gurke	sehr dünn schälen,
10 cm Rettich	abbürsten, Gurke und Rettich dünn in eine Schüssel hobeln.
100 ml sauren Rahm mit	
2 El süßer Sahne	vermischen, mit
1 El Obstessig	
1 Msp Kräutersalz und schwarzem Pfeffer	frisch aus der Mühle und
1/2 Tl Flüssigwürze	abschmecken und über den Salat geben. Mit
1 El Kräuter Dill, Borretsch und Schnittlauch	wie feingeschnitten, bestreuen.

Staudensellerie mit Roquefort

Für 2 Personen:

250 g Staudensellerie	von faserigen Teilen befreien, in 5 cm lange Stücke schneiden und 3 Min. in Salzwasser blanchieren. Noch heiß mit Sauce Vinaigrette* begießen und durchziehen lassen.
50 g Roquefortkäse	in kleinen Stückchen darauf verteilen
1 El Walnußkerne	gehackt, darüberstreuen.

Roher Blumenkohl-Salat

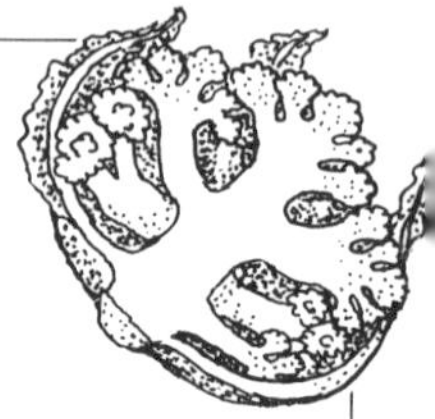

Für 2 Personen:

1/2 kleinen Blumenkohl	gründlich in Salzwasser waschen, Strunk schälen, den Kohl auf einem Gurkenhobel in eine Schüssel hobeln. Mit dem Saft von
1/2 Zitrone	beträufeln.
2 El Walnußkerne	grob gehackt zufügen.
1/2 Tasse Joghurt	
1/2 Tasse süße Sahne	
1/2 Tl Flüssigwürze und	
1 Msp gemahlenen Koriander	gut vermischt über den Blumenkohl gießen. Zum Schluß
2 El Radieschensprossen	von Ihnen selbst gezogen, darüberstreuen. Wenn Sie den Salat mager möchten, dann Sahne durch einen weiteren 1/2 Becher Joghurt austauschen.

Broccoli-Salat

Für 2 Personen:

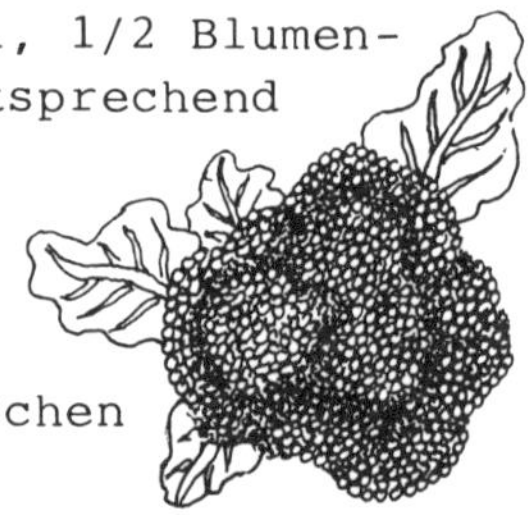

1 Broccoli, 1/2 Blumenkohl entsprechend	waschen, dickere Stiele schälen und in Scheibchen schneiden, mit den Röschen in einem Sieb auf Dampf oder in Salzwasser sanft bißfest garen. Abgekühlt mit
6-8 Radieschen	in Scheibchen geschnitten mischen. Zur Sauce
50 ml süße Sahne mit	
50 ml Sauerrahm	
1 El milden Rotweinessig	
1/2 Tl Flüssigwürze und	
1 El Dill	sehr feingehackt vermischen. Vielleicht mag Adam diesen Salat auch mit 50 g Krabben vermischt.

Roher Sellerie-Salat

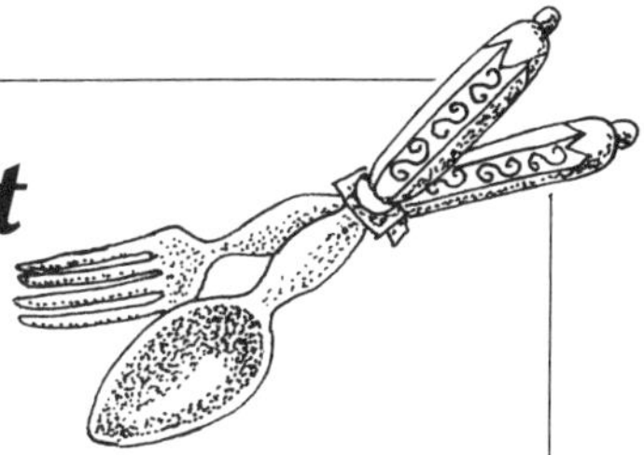

Für 2 Personen:

1 große Sellerieknolle	halbieren, die andere Hälfte für Suppe etc. aufheben. Kleine Knollen lassen sich nämlich schlecht stifteln. Die halbe Knolle also schälen, in ca.3 mm Scheiben schneiden, aufeinanderlegen und Streifen abschneiden. Diese sofort in eine Schüssel mit
100 ml Joghurt	geben.
1 roten Apfel	gewaschen, ungeschält gestiftelt,
1 Clementine	filetiert,
1/2 Tasse Mandelstifte	sowie
1 Scheibe Ananas	in Stücke geschnitten zu dem Sellerie geben und leicht vermischen.
100 ml süße Sahne	schlagen und locker unterheben. Mit
Edelsüß-Paprika	bestreut auftragen.

Französischer Tomaten-Salat

Für 2 Personen:

4 reife Tomaten	waschen, Stielansatz entfernen, in Scheiben schneiden und auf 2 Teller verteilen. Leicht mit
Herbes de Provence	bestreuen.
Ca.60 g Sellerieknolle	geschält sehr fein reiben und sofort mit
1 El Zitronensaft	beträufeln.
Weißen Pfeffer und Flüssigwürze	zugeben.
50 ml süße Sahne	schlagen und locker unter den geriebenen Sellerie heben. Die Sahne-Sellerie-Mischung auf die Tomaten geben und mit
Edelsüß-Paprika	leicht überpudern.

Eingelegter Paprika

Nicht alle Menschen vertragen diese äußerst vitaminreichen Schoten gleich gut. Dem kann abgeholfen werden: Legen Sie die Schoten vor der Zubereitung in die heiße Backröhre bis die Haut Blasen wirft. Dann nur kurz kalt abbrausen und die Haut abziehen. Etwas mühselig aber hilfreich.

Von den geschälten Schoten die Kerne mit einem Löffel entfernen. Denn jetzt sind die Schoten ja weich! In großen Stücken rote und gelbe Paprikaschoten im Wechsel in ein Glas mit gutem Verschluß einlegen. Dazwischen kommt eine Lage von weißen Zwiebeln. Jede Lage mit etwas gepreßtem Knoblauch und gutem Weinessig beträufeln und mit Öl, nach Belieben mit Olivenöl benetzen. So fortfahren, bis alle Schoten verbraucht sind.Nach Belieben kann noch Flüssigwürze mit untergemischt werden. Die Paprika können bereits nach ein paar Stunden entnommen werden. Sie halten sich im Kühlschrank einige Tage.

Paprika-Salat

mit Schale macht weniger Mühe und hält 5 Tage im Kühlschrank. Man kann täglich soviel entnehmen, wie man gerade braucht.

Je 1 Paprikaschote rot, grün und gelb	entstielen, halbieren, Samen und Trennwände entfernen, waschen und, falls nötig, nocheinmal längs halbieren, dann in Querstreifen schneiden und in eine Schüssel geben.
1 große weiße Zwiebel	schälen und in Ringen zufügen.
3 El hellen Essig und 5 El Öl mit 1 El Flüssigwürze	verrühren, über die Schoten gießen. Locker vermischen und in ein dementsprechend großes Glas füllen und gut verschlossen bis zum nächsten Gebrauch in den Kühlschrank stellen.

Rote Bete-Salat

Rote Bete sollten aus gesundheitlichen Gründen in den Speiseplan mit aufgenommen werden. Das enthaltene Cholin vermindert die Fettablagerung in der Leber und wirkt blutdrucksenkend. Bislang sind in der Rote Bete 14 Aminosäuren nachgewiesen, sowie ein hoher Mineralstoffgehalt (an der Spitze Kalium) und reichlich Vitamine.

Da sich dieser Salat gut im Kühlschrank hält, ist ein größeres Quantum angegeben, damit sich der Aufwand rentiert.

1 kg Rote Bete
kleine Sorte

unter fließendem Wasser bürsten, die Stiele vorsichtig abdrehen, nicht abschneiden,sonst "bluten" die Knollen. In einem Kartoffeldämpfer läßt man sie je nach Größe ca. 3/4 Std.kochen. Im Schnellkochtopf ca.15 Min.Garzeit.

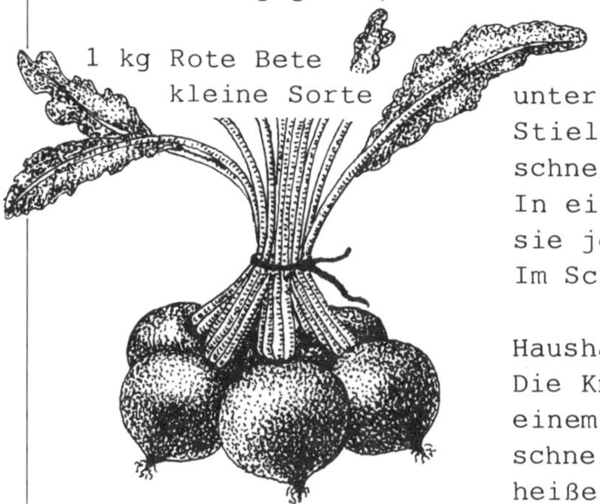

Haushaltshandschuhe anziehen.
Die Knollen heiß schälen und mit einem Buntmesser in ca.3 mm Scheiben schneiden. Gleich heiß in folgende heiße Marinade legen.

1/2 l Wasser mit
1/2 Tasse Rotweinessig
1/4 Tl Meersalz
1 Stange Zimt
1 Stückchen Meerrettich und
1 Tl Anis od.Kümmel 10 Min. köcheln lassen.

Die Roten Bete in der Marinade erkalten lassen, so ziehen sie am besten durch. Zum Schluß

2 El Distelöl darüber verteilen und nach Belieben

1 lila Zwiebel feingehackt, darüberstreuen.

Mohrrüben-Ananas-Salat

Für 2 Personen:

250 g junge Möhren gelbe Rübchen	unter fließendem Wasser nur bürsten und mittelfein raspeln. Gleich mit
2 El Öl	vermischen.
1 Scheibe frische Ananas	in Streifchen schneiden und zu den Möhren geben. Mit
1 kirschgroßen Stück Ingwerwurzel	gerieben würzen.
*1 El Mandelstifte	kurz trocken rösten und über den Salat streuen. Sehr gut ist dieser Salat auch mit einer Cocktail-Sauce*.

Chicorée-Salat

Für 2 Personen:

3 Stauden Chicorée	halbieren, eventuell bitteren Keil herausschneiden, waschen und in ca. 3 mm breite Streifen schneiden.
1 Banane	in Scheibchen und
1 säuerlichen Apfel	gestiftelt zufügen.
1/2 Tasse süße Sahne mit 1 guten Msp Curry und 4 Tropfen Tabasco	leicht verschlagen und über den Salat gießen. Mit
1 El Walnußkernen	grob gehackt, bestreuen.

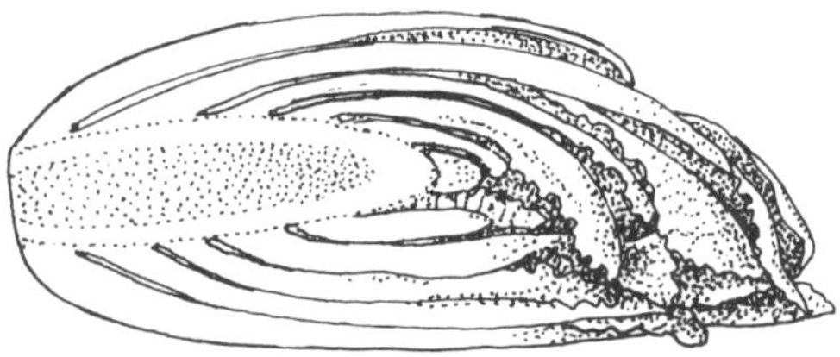

Die Stauden können auch halbiert auf 2 Tellern verteilt werden. Mit dem Obst umlegt und mit einer Cocktail-Sauce* übergossen, ist das eine feine Sache.

Feiner Kenia-Bohnen-Salat

300 g Kenia-Böhnchen
Salzwasser

putzen, warm waschen, in bißfest, aber durch garen. Mit eiskaltem Wasser abschrecken, dann bleibt die schöne grüne Farbe erhalten. In einer tieferen Platte die Böhnchen mit einer Marinade begießen, dazu

1 Tasse heiße Brühe
1 El Balsamico-Essig
1 El Rotwein
1/2 Tl Flüssigwürze
1 Msp franz.Senf
2 El Öl und
1 El Bohnenkraut

feinstgehackt, vermischen. Den Salat gut durchziehen lassen. Abschmecken. Inzwischen

150 g kl. Mini-Maiskölbchen

in einer Pfanne in wenig Wasser zugedeckt garen. Noch warm

3 -4 El Sauce Vinaigrette*

darübergeben.

3 dünne Scheiben
gebeizten Lachs

längs halbieren,aus den Streifen Röschen formen.

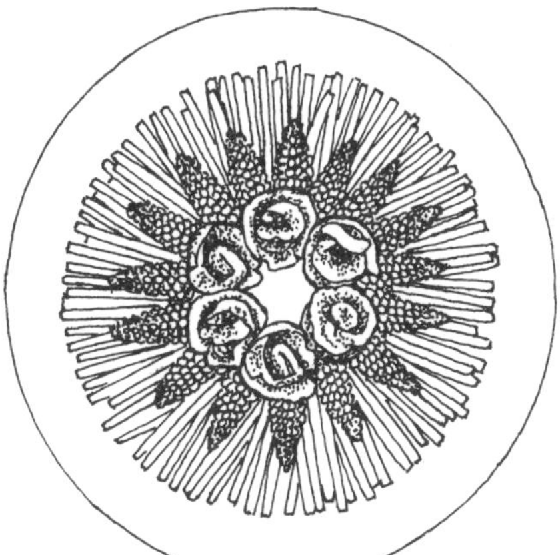

Zum Anrichten:
Die Böhnchen strahlenförmig auf zwei Teller legen, die Maiskölbchen ebenso daraufgeben, in der Mitte Platz frei lassen.
Je Teller 3 Lachs- Röschen in der Mitte plazieren.
Eine schöne und feine Sache!

Melonen-Cocktail

Herrlich an heißen Tagen, wenn der Appetit auf ein normales Essen fehlt. Dieser Cocktail ist auch bestens als Vorspeise für ein Gästeessen geeignet. Er kann vorbereitet und schon in Gläser gefüllt, in den Kühlschrank gestellt werden.

Für 2 Personen:

100 g Shrimps frisch oder wenn gefriergetrocknet	diese nach Angabe abbrausen.
1 kleine Ogenmelone ca.400 g	halbieren,Kerne entfernen und mit einem Melonenausstecher kleine Kugeln ausstechen. Mit den Shrimps vermischen.
50 ml trockenen Jerez 1 Orange	und den Saft von darübergießen und durchziehen lassen. In hübsche Schalen füllen und kühlstellen. Vor dem Auftragen
1 Tl Rosa Pfefferperlen 1 El Pistazienkerne und 1 Tl Dill	letzteren feingehackt anstreuen.

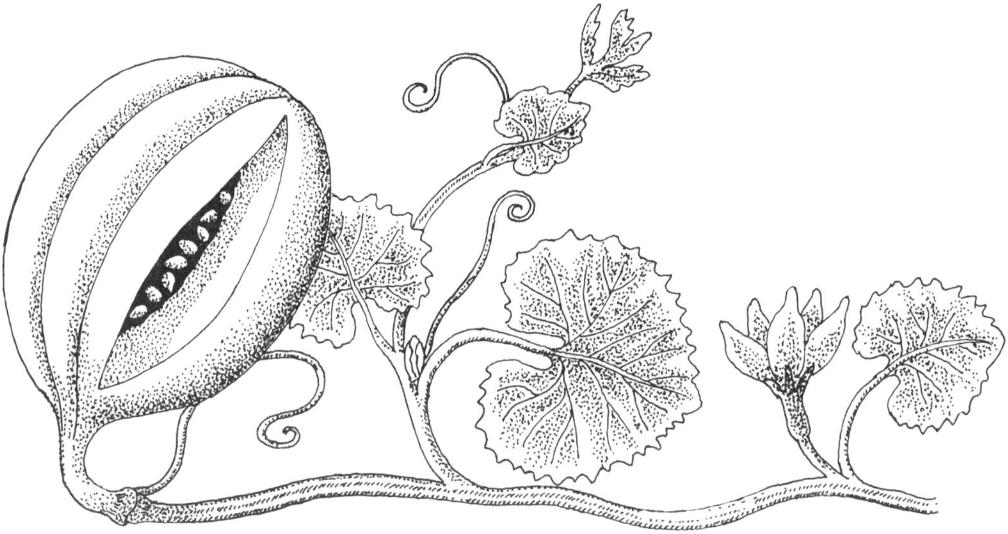

Salat von weißem Spargel

Spargel vorbereiten s.Seite E 82

Für 2 Personen:

500-700 g Stangenspargel

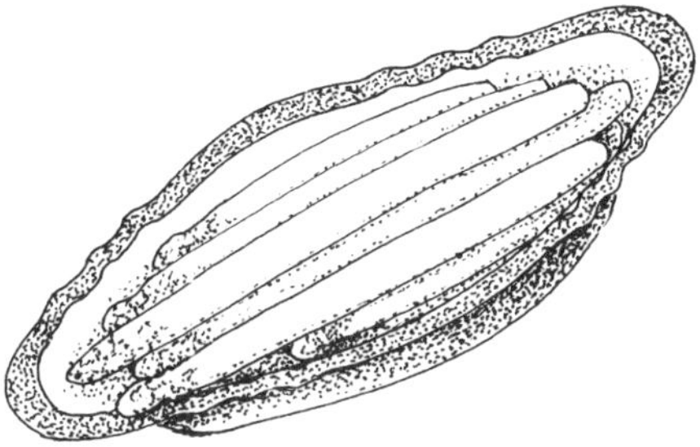

mittlere Stangen wählen, keines-wegs zu dicke, denn diese ziehen nicht so gut durch. Den vorbereiteten Spargel in Salzwasser ca. 25 Min. ruhig kochen lassen. Garprobe am Stielabschnitt machen. Die Stangen müssen sich leicht biegen. Sie müssen gar sein, sonst schmecken sie nicht. Den Spargel aus der Brühe heben und in eine tiefe Schale legen. Dann

2 Tassen heißen Sud
1/2 Tasse Weißweinessig und
1 Tl Flüssigwürze

vermischen, warm über den Spargel geben. Er soll fast bedeckt sein. Gut durchziehen lassen, dann erst

2 El Öl

angießen. Fein geschnittenen

Dill und Schnittlauch

in Röllchen anstreuen.
Keine scharfen Zutaten verwenden wie Paprikaschoten etc., die den feinen Spargelgeschmack verfremden.

Salat von grünem Spargel

Von

500-700 g grünen Spargel

nur das letzte Drittel schälen, holziges Ende abschneiden. Die Stangen wie oben kochen aber nur ca. 10-15 Min.- Garprobe machen. Spargel aus der Brühe nehmen, mit

Sauce Vinaigrette*

in einer Schale übergießen und durchziehen lassen.

*1 hartgekochtes Ei

durch ein Reibeisen gedrückt,

1 El Petersilie u.Dill
1 El Schnittlauchröllchen

sehr feingehackt und anstreuen.

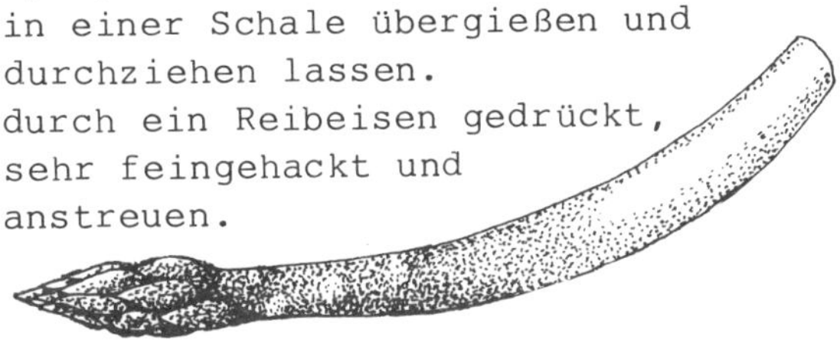

Spargel-Aspik

ist vor allem in der warmen Jahreszeit sehr köstlich und auch für eine Einladung ausgezeichnet geeignet, da ein Aspik leicht vorbereitet werden kann und sich im Kühlschrank gut hält.

Für eine Vorspeise reichen pro Person 3 nicht zu dicke Stangen, denn diese werden geteilt. Wenn Sie nur Spargelspitzen verwen-wollen, brauchen Sie 5-6 Stangen pro Person, der Rest kann zu einer guten Spargelsuppe verwendet werden. S.E. 61

Rezept

18 Stangen Spargel	schälen, s.S.E 82, dann quer halbieren. Inzwischen
1 1/4 l Wasser mit	
1 Tl Meersalz	zum Kochen aufsetzen, die Spargelhälften einlegen, ca. 20 Min. kochen. Die Stangen müssen durch, dürfen aber keineswegs zu weich sein. Halbgare Stangen sind ohne jeden Geschmack, deshalb Garprobe machen, Spargel aus dem Sud heben. Jeweils 6 Spargelhälften zu Päckchen aufeinander legen.
1 l der Spargelbrühe	mit
1 El Zitronensaft	
3 El Weißweinessig	
3 El Weißwein und	
1 Tl Flüssigwürze	abschmecken.
12 Blatt weiße Gelatine	kalt einweichen, ausdrücken und in den heißen Sud geben. Gut auflösen. Einen Teil in Portionsschalen als "Spiegel" gießen oder für alle in eine tiefere Platte, was auch sehr hübsch aussieht. Sehr kalt stellen, damit der "Spiegel" schnell fest wird. Spargelportionen auf der Platte werden mit einem Kuchenmesser oder einem Tortenheber portioniert.

Spargel-Aspik

Fortsetzung

	Zunächst von
1 Lauchstange	die Blätter lösen, schöne, grüne aussuchen und in
Salzwasser	blanchieren, in ca. 2 cm breite Längsstreifen von ca. 25 cm teilen. Für jedes Päckchen von 5-6 Spargelstangen brauchen Sie 1 Lauchstreifen zum Zusammenbinden. Siehe Zeichnung.
18 Tl Mayonnaise	vorbereiten. Diese auf den inzwischen festgewordenen Aspik-Spiegel in 18 Tupfen so verteilen, daß die Päckchen genügend Platz haben. Wenn der Spargel auf der Mayonnaise fertig plaziert ist, den restlichen Sud darüber verteilen und bis zum Servieren kaltstellen.

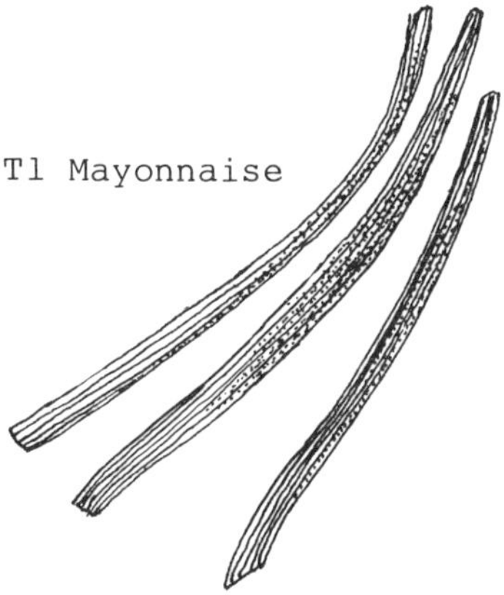

Wenn Sie die Lauchbändchen und die Mayonnaise weglassen, ist ein Spargel-Aspik schnell gemacht.

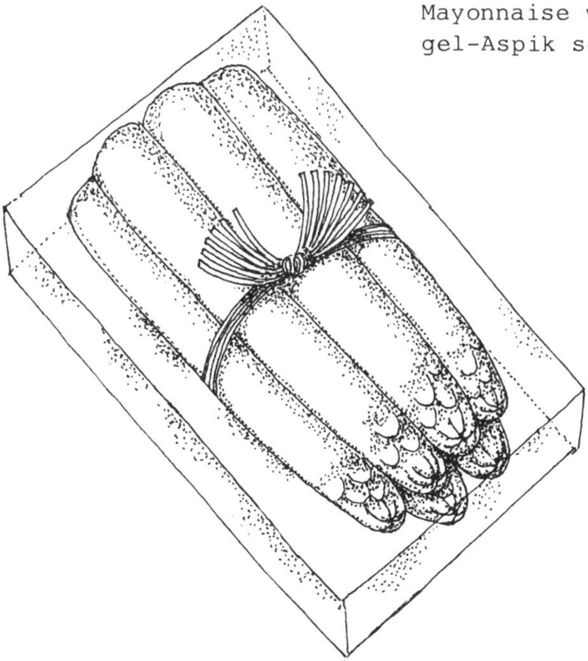

Avocados

sind nicht nur wegen ihrer reichlich enthaltenen Mineralstoffe und Vitamine ein besonders gesunder Genuß sondern dienen auch äußerlich angewandt der Gesundheit der Haut.
Zum Verzehr müssen Avocados die richtige Reife haben. Grüne, harte Früchte haben kein Aroma - zu reife sind braun und nicht mehr zu gebrauchen. Kaufen Sie notfalls nicht zu reife und wickeln Sie diese in Zeitungspapier, bei Zimmertemperatur können Sie den Reifegrad durch leichtes Drücken feststellen.

Avocados mit Vinaigrette

Für 2 Personen:

Erst die Sauce oder Füllung richten, da sich sonst die Avocados verfärben.

Als Vorspeise

1 reife Avocado

der Länge nach aufschneiden, den Kern entfernen, sofort mit dem Saft von

1 Zitrone od. Orange

beträufeln. In die Höhlungen

2-3 El Vinaigrette

gießen, mit etwas weniger Öl bereitet, da Avocados genügend Fett enthalten. Die Avocados mit der Sauce vermischt auslöffeln. Ggf. noch Sauce in einem Kännchen dazustellen.

Füllungen für Avocados lassen sich endlos variieren. Versuchen Sie einmal folgende Version:

1/4 Sellerieknolle — fein stifteln,
1 Scheibe frische Ananas — in kleine Stückchen schneiden,
1 Apfel — gewaschen stifteln und alles in der Sauce der Gefüllten Avocados* s. S. E 51, mischen und in die Avocadohälften einfüllen.

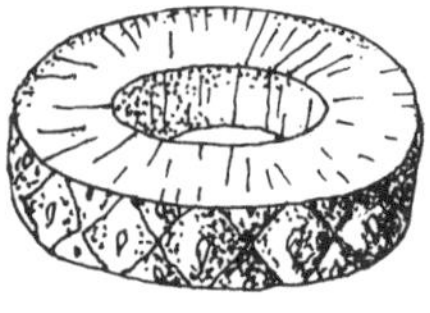

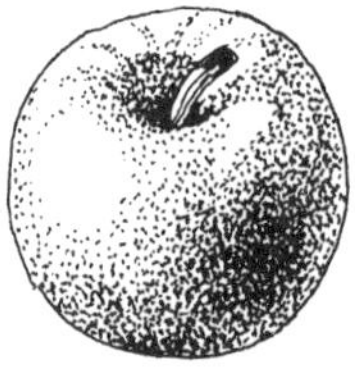

Gefüllte Avocados

Für 2 Personen:

1 reife Avocado	halbieren, den Kern entfernen, das Fruchtfleisch bis zu einem 1 cm breiten Rand entfernen, in kleine Würfel schneiden oder in Kugeln ausstechen. In einer Schüssel mit dem Saft von
1 Orange	beträufeln, den Rest des Saftes aufheben.
50-100 g frische Shrimps	kalt abbrausen, gut abgetropft mit den Avocadowürfeln mischen.
100 ml süße Sahne	(weniger Fett als in Mayonnaise) schlagen,
1 El Tomatenketchup	
1 Tl Orangenalkohol*	
1 Msp Sambal Oelek	und den restlichen Orangensaft zufügen. Die Shrimps und Avocados mit der Sahnesauce mischen und in die Avocadoschalen füllen.
	Zur Garnitur:
je 1 Kirschtomate	auf einem Holzstäbchen in die Avocado stecken, auf die Seite
je 1 dünne Zitronenscheibe und	
je 5 Gelbrübenstifte	sehr dünn geschnitten, anbringen. Die fertigen Avocadohälften auf beiden Tellern mit
Frisee und Radicchio - Salat	belegt, anrichten.

Gefüllte Avocados sind auch sehr gut für ein Gästeessen geeignet.

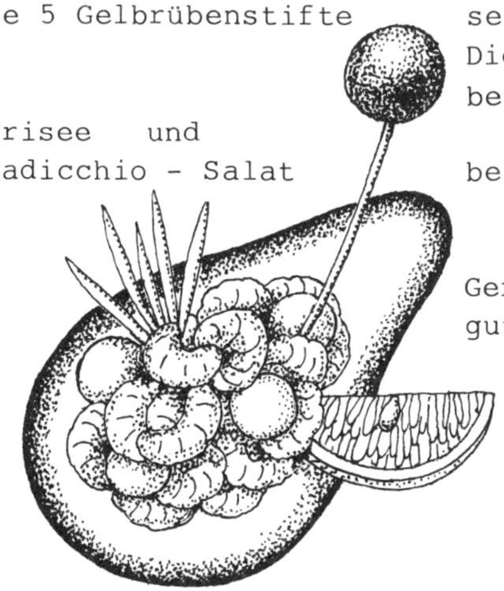

Tomaten mit Mozzarella

Für 2 Personen:

3 reife, feste Fleischtomaten	waschen, Stielansatz entfernen und
1 Kugel Büffel-Mozzarella	in gleichdicke Scheiben von ca. 3/4 cm schneiden, dachziegelartig in einen tieferen Teller oder Platte im Wechsel anordnen. Mit frischgemahlenem
schwarzen Pfeffer	bestreuen.
2 EL schwarze Oliven	darüber verteilen.
2 El Balsamico-Essig	mit
1 Tl Zitronensaft und	
3 El Olivenöl extra vergine	nur leicht vermischen und über die Tomaten und den Mozzarella tröpfeln.
kleine Basilikumblättchen	darüberstreuen.
	Eine kleine, aber sehr gute Abwandlung bringen Artischokkenherzen, diese halbiert mit den anderen Zutaten angeordnet.

Nehmen Sie zu dieser Vorspeise nur beste Zutaten. Büffel-Mozzarella ist für kalte Speisen einfach besser als reiner Kuhmilch - Mozzarella. Der Balsamico-Essig ist gerade für Tomaten richtig und das Olivenöl, das ebenfalls erste Qualität sein soll, bringt den Hauch von südlichen Gefilden.

Türkischer Salat

Für 2 Personen:

2 große, feste Tomaten	waschen, den Stielansatz herausschneiden, Tomaten achteln, quer durchschneiden und in eine Schüssel geben.
1/2 Gurke	schälen und in Würfel von 2 cm schneiden.(Ca. 2 Tassen).Zugeben.
1 kl. grüne Paprikaschote	teilen, den Stiel, Trennwände und Samen entfernen, waschen und in Streifen schneiden. Siehe bei Adam S. A 36. Paprika mit
2 El schwarzen Oliven	zu den anderen Zutaten geben.
1 El Rotweinessig 1 El Rotwein 2 El Olivenöl	nur leicht vermischen, angießen, locker durchmischen und mit
wenig Salz, grobem Pfeffer	frisch aus der Mühle würzen und mit
80 g Schafskäse	zerbröckelt, überstreuen. Durch das Olivenöl ist keine andere Würze nötig. Gut gekühlt ist dieser Salat im Sommer sehr gut und erfrischend.

Suppen und Eintöpfe

"Ein Süppchen streichelt den Magen" heißt es so schön. Und wer hat das nicht auch schon einmal empfunden, wenn man im Winter ein warmes Süppchen langsam Löffel für Löffel zu sich nimmt? Im Sommer dagegen sind es die kalten Suppen, die man zur Erfrischung braucht und die einen jeden wieder fit machen.

Die heißen Suppen sollten wirklich heiß auf den Tisch kommen, dies zwingt zum Langsamessen. Eine gute Suppe ist eine angenehme Flüssigkeitsaufnahme, die so wichtig ist.

Die Zeit der mit Mehlschwitzen und Einbrennen gedickten Suppen ist zum Glück ziemlich vorbei. Sie werden sehen, daß in den folgenden Rezepten der Eigengeschmack der einzelnen Gemüsesorten viel besser zur Geltung kommt.

Dann gibt es in diesem Kapitel noch die ganz dicken Suppen - die Eintöpfe -, die so köstlich schmecken und immer wieder neu variiert werden können. Obendrein sind sie auch noch so praktisch, man hat nicht viel Geschirr und kann auch noch einen Teil einfrieren.

Gemüsebrühe

ist die Grundlage für vegetarische Suppen und Eintöpfe sowie zum Aufgießen von Saucen wichtig. Sie können Gemüsebrühwürfel verwenden oder Gemüsebrühe selbst bereiten. Stellen Sie gleich ein bißchen mehr von dieser Brühe her. Sie hält abgesiebt im Kühlschrank 3 Tage.

	In einem größeren, hohen Topf
2 große gelbe Zwiebeln	nur von der äußeren Schale befreit, ungeschält in dicke Scheiben geschnitten in
2-3 El öl	anbräunen, dies gibt schöne Farbe.
2 große, reife Tomaten	ohne Stielansatz halbiert,
1 Ingwerwurzel 3 cm	geschält und grob zerkleinert mit
1/2 Maiskolben	in Stücken, zu den Zwiebeln geben.
*500 g Möhren	sauber bürsten und waschen, würfeln,
*1 Sellerieknolle	schälen, ebenfalls würfeln, **oder**
*1/2 Staudensellerie	in Querscheibchen schneiden,
*1 große Stange Lauch	von den Außenblättern befreien, 1 x längs und dann quer durchschneiden damit man ihn gut waschen kann,
*2 Petersilienwurzeln	waschen, Stengel kleinschneiden.
2 Stengel Liebstöckel	mit allen vorbereiteten * oben angegebenen Zutaten in den Topf geben und mit soviel kaltem Wasser aufgießen, daß es mindestens 25 cm über dem Gemüse steht. Nun aufkochen und dann mindestens 1-2 Std.weiterköcheln lassen. Bei Bedarf etwas Wasser angießen. Erst nach dem Absieben würzen mit
Meersalz oder Flüssigwürze.	

Minestrone

Eine klare Gemüsesuppe aus Italien kann je nach Jahreszeit verschiedene Gemüse enthalten. Ob Sie 1-2 Kartoffeln gleich mitkochen **oder** einen Rest Reis **oder** Nudeln einlegen ist egal. Nur nicht Kartoffeln **und** Nudeln **und** Reis. Nachdem man die Suppe gut einfrieren kann, ist es von Vorteil, gleich das doppelte von dem unten angegebenen Quantum herzustellen.

Für 2 Personen:

Zunächst die verschiedenen Gemüse vorbereiten und griffbereit stellen.

300-400 g Frischgemüse

Grüne Bohnen in Stücke gebrochen,
Weiße Bohnenkerne vorgeweicht,
Wirsingherzen oder Weißkrautblätter in mundgerechte Stücke geschnitten,
Staudensellerie in Scheibchen,
Karotten in kleine Würfeln,
Junge, grüne Erbschen ausgepalt,
Tomaten gebrüht und abgezogen,
Spinat gewaschen ohne Stiele,
Maiskörner.

1 Zwiebel und 2 Knoblauchzehen	geschält und gehackt in
1 El Öl	anlaufen lassen, das vorbereitete Gemüse in angegebener Reihenfolge im Abstand von 5 Min. einlegen, mit
ca. 3/4 l Gemüsebrühe*	sanft köcheln lassen. Zum Schluß
Basilikum und Petersilie	feingehackt, anstreuen. Geriebenen Käse oder Käsereibe zum Überstreuen auf den Tisch stellen.

Grüner Eierstich

Für 2 Personen:

2 Eier
ca. 8 Basilikum-oder Spinatblätter
1 Msp Meersalz
1 Msp Muskatnuß

zusammen in einen Mixbecher geben, mit dem Schneidstab des Rührgerätes oder einem Mixstab gut vermischen. Inzwischen in einem Topf Wasser zum Kochen aufsetzen. In eine größere, ausgebutterte Tasse die Eier einfüllen, mit Alufolie abgedeckt ins kochende Wasser stellen und im geschlossenen Topf ca. 20-25 Min. stocken lassen. Den Eierstich aus der Tasse stürzen und etwas abgekühlt in kleine Würfel schneiden. In die heiße Gemüsebrühe oder in eine andere Suppe geben. Eine sehr leichte Suppeneinlage. Man kann in den Eierstich auch nach Belieben

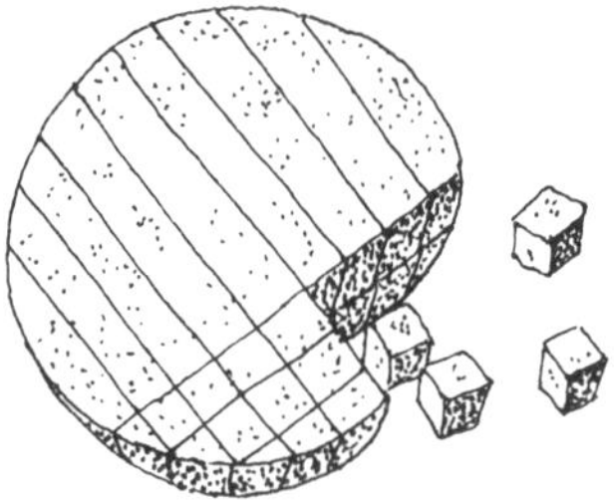

2 El Reibekäse

geben.

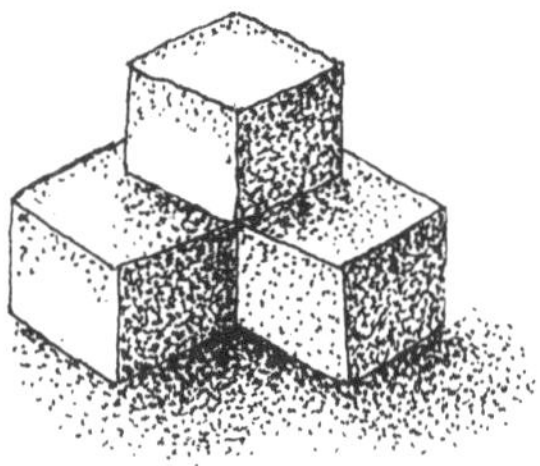

Käsenockerl

Für 2 Personen:

125 g trockenen Topfen oder Doppelrahmfrischkäse	in eine kleine Schüssel geben.
1 kleines Ei	
1 Msp Salz und 1 Msp Muskat	zufügen,
50 g Hartkäse gerieben und	
1-2 El Dinkelmehl oder Grieß	einrühren,-je nach Beschaffenheit des Frischkäses. Den Teig 20 Min. kaltstellen. Dann mit 2 kalt abgespülten Teelöffeln kleine Nockerl abstechen, in
3/4 l kochende Gemüsebrühe*	einlegen und ca.5 Min. köcheln lassen bis sie schwimmen.
Schnittlauchröllchen	anstreuen, erst wenn die Suppe aufgetischt wird.

Diese Käsenockerl können Sie auch zu Spinat oder Salat geben. Mit flüssiger Butter beträufelt oder mit Käse bestreut, prima!

Topinambur

Topinambur , auch Erdschocke oder Erdbirne genannt, ist nicht nur für Diabetiker eine wertvolle Pflanze. Diese Wurzelknolle enthält anstelle von Stärke Inulin, ein Polysaccharid, das auch für Diabetikersüßungsmittel verwendet wird. Außerdem, liebe Eva, sorgt das enthaltene Silicium für eine schöne Haut, gesunde Haare und gute Nägel - was die Verwendung von Topinambur in der Kosmetik bestätigt.

Topinambur-Lauchsuppe

Für 2 Personen:

1 Stange Lauch ca.15 cm	nur hellen Teil, in Ringe schneiden und in Salzwasser gründlich waschen.
200-250 g Topinambur	fest bürsten, ggf. dünn schälen und in Würfel schneiden.
1 kleine Kartoffel	ebenso vorbereiten.
1 El Butter und 2 El Wasser	in einem Topf erhitzen, alle Würfel hineingeben und umrühren.
3/8 l Gemüsebrühe*	angießen, zugedeckt leise kochen lassen. Wenn die Stücke fast gar sind, die Lauchringe zufügen und noch mitköcheln lassen. Dann mit dem Mixstab alles vermusen. Mit
1 El Zironensaft 2 El süßer Sahne 1/2 Tl Majoran und Flüssigwürze	gut abschmecken. Falls Ihnen die Suppe zu dick erscheint, noch Gemüsebrühe* angießen.

Als Einlage eignen sich kleine Gurkenwürfelchen oder in Butter oder trocken geröstete Brotwürfel, die Sie extra dazu reichen können.

Spargelsuppe

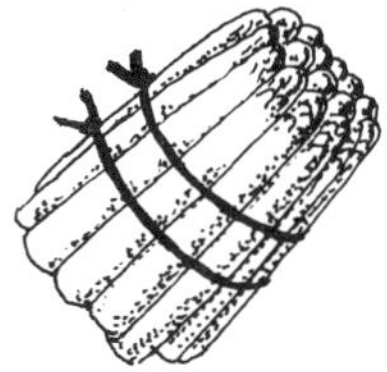

Für 2 Personen:

Zur Spargelsuppe können Sie auch Abschnitte nehmen, wenn Sie Spargel- Salat*, gekochten Stangenspargel* oder ein Spargel-Aspik* hergestellt haben. Oder aber Sie nehmen

für 2 Personen:

250-300 g weißen Spargel.	Achtung, grüner wird anders geschält und hat eine andere Garzeit! Spargel schälen, am Kopf beginnend, zum Stielende hin dicker werdend. Harte oder holzige Teile entfernen. Den Spargel gleich roh in mundgerechte Stücke teilen und in
3/8 l kochendes Wasser mit 1/2 Tl Salz oder 1 Gemüsebrühwürfel	geben und durch aber nicht zu weich werden lassen. Probieren! Die Stückchen herausnehmen.
2 Tl Dinkelmehl	fein gesiebt mit
5 El Milch	anrühren und in die Brühe geben Mindestens 10-15 Min.köcheln lassen. Die Spargelstückchen in die Suppe einlegen. Nach Belieben
1 Eigelb mit 3 El süßer Sahne	verrühren und zufügen. Dann darf die Suppe aber nicht mehr kochen.
Oder 1 Tl Butter	in die heiße Suppe geben. Mit
Zitronensaft und weißem Pfeffer	abschmecken. Mit
Schnittlauchröllchen	bestreuen.

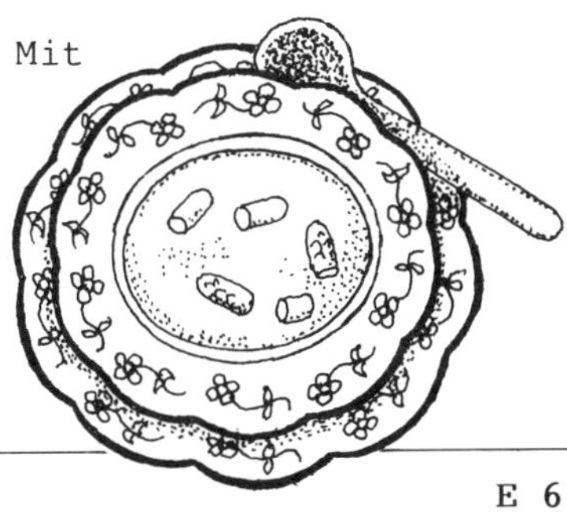

Kalte Gurken-Paprika-Suppe

Diese Suppe ist an heißen Tagen sehr erfrischend!

Für 2 Personen:

1 frische Gärtnergurke	sehr dünn schälen, in großen Würfeln,
1/2 grüne Paprikaschote	von Stiel und Samen befreien, gewaschen in Stücke schneiden, mit
2 Knoblauchzehen	geschält in einen hohen Rührbecher am besten mit Spritzschutz geben und mit dem Mixstab sehr fein pürieren.
2 Becher Joghurt 1 EL Sauerrahm	unterrühren, mit
Meersalz, Pfeffer und 1 El Weißweinessig	abschmecken. Zugedeckt in den Kühlschrank stellen. Man kann diese Suppe schon morgens vorbereiten. Vor dem Servieren reichlich
Schnittlauchröllchen	anstreuen.

Gemüsesuppe mit gekeimten Linsen

Für 2 Personen:

*1 Tasse gekeimte, grüne Linsen	abspülen,
1 Kohlrabiknolle	schälen und in Stäbchen schneiden,
1 Fenchel	putzen, in dicke Streifen teilen,
250 g grüne Buschbohnen	längs halbieren oder wenn schmal, ganz lassen, waschen.
1 l Gemüsebrühe* S.E 56	zum Kochen aufsetzen, das Gemüse zufügen und bißfest garen. Mit
geröstetem Koriander, Dajong, Sambal u. Flüssigwürze	gut abschmecken.

Gazpacho

Für 2 Personen:

1 altes Vollkornbrötchen zerpflücken und mit
1 Tasse heißem Wasser übergießen.
200 g Tomaten gebrüht und geschält in einen Mixbecher geben, fein pürieren und in ein Gefäß geben, in dem Sie gleich servieren können.

1 grüne Paprikaschote von Stiel und den Trennwänden befreien, in Stücke schneiden, waschen und mit

1 weißen Zwiebel geschält, in Würfeln und
3 Knoblauchzehen gepreßt, mixen und zu den Tomaten geben.

Das ausgedrückte Brötchen,
1/2 kleine Gärtnergurke geschält, in Stücken,

1/2 Tasse Olivenöl
2 El Rotweinessig
3 El Rotwein (nach Belieben)
1/4 Tl Salz, Pfeffer und
1 Tasse Tomatensaft ebenfalls zusammen mixen und zu den anderen Zutaten geben. Es ist wichtig, nur portionsweise zu mixen um Mixstab oder Mixer zu schonen. Gazpacho kaltstellen.

Inzwischen in 4 Schälchen folgende Zutaten einfüllen:
Die andere
1/2 kleine Gurke geschält in kleinen Würfeln,
1/2 Paprikaschote ebenso gewürfelt,
1 kleine, weiße Zwiebel kleinwürfelig geschnitten u.
1 Vollkornbrötchen in kleinen Würfeln, geröstet.

Alle gewürfelten Zutaten erst bei Tisch zugeben.
Sehr gut an heißen Tagen.

Tomatensuppe

Wenn Sie sehr frische, reife Tomaten, am besten die länglichen Saucentomaten bekommen können - verwenden Sie solche sonst greifen Sie am besten ausnahmsweise zu Dosenware, denn diese Tomaten sind reif. Eine Tomatensuppe kann mit verschiedenen Einlagen immer variiert und nach Belieben zu einer Schlankheitssuppe getrimmt werden, wenn Sie anstelle des angegebenen öls bodenbedeckt Wasser verwenden und am Schluß die Sahne weglassen. Wegen ihrer guten Würze schmeckt sie trotzdem gut.

Für 2 Personen:

1 gelbe Zwiebel 2 Knoblauchzehen 2 El öl	in Würfel und nach Belieben geschält und grob gehackt, in anlaufen lassen. Den Inhalt von
1/2 Dose geschälter Tomaten	bereits in der Dose mit einem Messer etwas durchschneiden, mit dem Saft zu den Zwiebelchen geben. Zugedeckt leise köcheln lassen.
3/8 l Gemüsebrühe*	angießen 15 Min. weiterkochen.Mit
etwas Meersalz	
schwarzem Pfeffer	frisch aus der Mühle,
1 El Tomatenmark 1 Tl Oregano und Flüssigwürze	abschmecken und zum Schluß
4 El süßen od.Sauerrahm	einrühren, mit dem Mixstab die Suppe vermusen.
1 El frisches Basilikum	sehr fein gehackt und
*1 altes Vollkornbrötchen	gewürfelt und geröstet anstreuen.

Zur Abwechslung können Sie Reis*, Grünen Eierstich* oder Kräuterflädle* als Einlage nehmen.

Gemüsecremesuppen

brauchen nicht wie früher mit Mehlschwitzen gebunden und zu Dickmachern erklärt werden. Die feine, cremige Konsistenz wird durch das Pürieren des Gemüses erreicht.

Blumenkohl- u. Broccoli-Suppe

1/2 Blumenkohl	die andere Hälfte für Salat aufheben, **oder** dementsprechend
Broccoli	in Röschen teilen, den Strunk schälen und in Scheibchen schneiden. In
3/8 l Gemüsebrühe* oder Salzwasser	nicht zu weich kochen. Ca. 6 schöne Röschen entnehmen, die anderen mit dem Mixstab vermusen. Würzen mit
weißem Pfeffer 1 El Zitronensaft und 1/2 Tl Flüssigwürze.	Zum Schluß in die heiße Suppe
4 El süße Sahne	einrühren, die zurückgelegten Röschen zufügen und mit gehacktem
Dill	bestreut, servieren. Man kann die Sahne auch schlagen und zum Schluß auf die Suppe geben.

Selleriecreme-Suppe

2 Tassen Sellerie in Würfeln	geputzt und gewaschen in
3/8 l Gemüsebrühe*	bißfest kochen, einige Würfel für die Einlage zurück behalten. Weitere Zubereitung wie bei Blumenkohlsuppe.

Bayerische Kartoffelsuppe

ist zwar eine sehr sättigende Suppe, die aber trotzdem als Schlankheitssuppe bezeichnet werden kann, da Kartoffeln stark entwässernd wirken und das Fett auch noch durch Wasser ersetzt werden kann.

Für 2 Personen:

2 faustgroße Kartoffeln	nur bürsten, waschen und in Würfel schneiden, ergeben ca. 2 Tassen. Sehr alte Kartoffeln dünn schälen.
2 Karotten	schaben und würfeln, ergeben ca. 1 Tasse.
1 Petersilienwurzel	schaben und kleinwürfeln,
1/4 Sellerieknolle	schälen, waschen in Würfel schneiden, ergibt ca. 3/4 Tasse. In einem Topf
1 El Butterschmalz oder ggf. Wasser	erhitzen,
1 gelbe Zwiebel	geschält und kleingeschnitten darin anlaufen lassen, das Gemüse zufügen und andünsten. Die geriebene Schale von
1/2 unbehandelten Zitrone	zufügen sowie einige Blätter
Selleriegrün.	Mit
ca. 1/2 l Gemüsebrühe*	aufgießen und bei gelinder Hitze garkochen. Mit einem Kartoffelstampfer das Gemüse etwas zerdrücken oder mit dem Mixstab zerkleinern oder nach Belieben pürieren. Mit
Selleriesalz, schwarzem Pfeffer und Majoran	letzteren in einem Pfännchen trokken erhitzt, gut würzen. Frische
Petersilie, Liebstöckel und etwas Selleriekraut	sind die typischen Würzkräuter, die zum Schluß angestreut werden.

Rahmsüppchen mit Krauser Glucke

Krause Glucke kennt man bei uns als seltenen Waldpilz, dessen Anblick eines jeden Pilzsuchers Herz höher schlagen läßt. So schlug mein Herz auch höher, als ich diese Seltenheit bei einem Chinesischen Kochkurs als Trockenpilz entdeckt habe. In Asiengeschäften ist er erhältlich, er wird als Weiße Morchel oder Tremelles Velucipes angeboten.

Für 2 Personen :

1 kl. Hand voll Pilze	mit heißem Wasser übergießen und ziehen lassen.
2 kleine Schalotten 2 Petersilienwurzeln 1 El Butter	putzen, in Stücke schneiden, in anlaufen lassen.
200 g Kartoffeln	sauber unter Wasser bürsten, kleingewürfelt zufügen und umrühren. Mit
*1/2 l Gemüsebrühe S.E 56	aufgießen, zugedeckt weichkochen. Mit dem Mixstab sehr fein pürieren, die eingeweichten Pilze durchspülen und etwas zerkleinert zufügen. Noch 10 Min. mitgaren lassen. Mit
Flüssigwürze und frischgemahlenem Pfeffer	abschmecken.
1/2 Becher süße Sahne	steif schlagen, 2 Tl zurückbehalten. Restliche Sahne einrühren, in Tassen oder Suppenteller füllen, je einen Klecks Sahne daraufsetzen, mit
Petersilie	sehr feingehackt bestreuen.

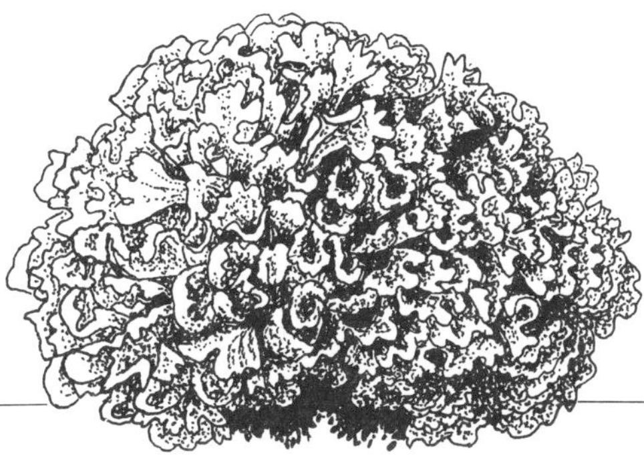

Zwiebelsuppe

Für 2 Personen:

250 g Gemüsezwiebeln	schälen, ca. 10 schöne Zwiebelringe beiseite legen. Den Rest grob würfeln.
1 kleine Karotte	schaben und auch grob würfeln,
1 Petersilienwurzel	ebenso vorbereiten. In einen, am besten feuerfesten Topf
2 El öl	geben, Zwiebel und Gemüse zufügen, umrühren,
1/2 l Gemüsebrühe*	angießen und alles 10 Min. zugedeckt dünsten. Wenn das Gemüse gut weich ist, mit dem Mixstab pürieren. Gut abschmecken mit
Meersalz,	
schwarzem Pfeffer	frisch gemahlen
Flüssigwürze und	nach Belieben
1/2 Tl Paprika.	
	Die beiseite gelegten Zwiebelringe einlegen und leise köcheln lassen.
	Inzwischen in einer Pfanne
1 El Butter oder öl	erhitzen,
2 Scheiben Vollkorntoasts	einlegen und beidseitig rösten. Auf jeden Toast
1-2 El geriebenen Gruyère -Käse	streuen, in der Pfanne belassen, zudecken bis der Käse geschmolzen ist.
	Die Zwiebelsuppe in Tassen füllen, mit je 1 Käse-Toastscheibe belegen und gleich auftragen.

Roter Linseneintopf mit Kräuterspätzle

Zuerst die Kräuterspätzle* vorbereiten, denn der Teig muß etwas ruhen. Siehe Rezept S. 120.

Für 2 Personen:

1 kleine weiße Zwiebel	kleinwürfelig schneiden, in
1 El Öl	anlaufen lassen,
1 kleine gelbe Rübe	säubern, in kleine Würfel und
1 kleine Lauchstange	in Ringe schneiden und waschen.
* 160 g Rote Linsen	in
1/4 l Wasser	1/2 Std. eingeweicht mit dem Einweichwasser und dem Gemüse zu den Zwiebeln geben.
1/2 l Gemüsebrühe*	angießen, den Topf zudecken und 10-15 Min. leise köcheln lassen. Die Kräuterspätzle einrühren, mit
Flüssigwürze, Pfeffer, Meersalz und 1 El Rotweinessig	gut abschmecken. Zum Schluß mit
1 El Schnittlauchröllchen	bestreuen. Sollte vom Linseneintopf etwas übrig bleiben, kann er gut eingefroren werden.

Bunter Bohnentopf

Sie benötigen gekeimte Azukibohnen und Mungobohnensprossen, beide Sorte brauchen zum Keimen ca.4-5 Tage. Adam hat die Rezepte. Kochen Sie gleich diese, für Sie vielleicht ein bißchen große Menge, der Aufwand lohnt sich dann und dieser Bohnentopf schmeckt Ihrem Adam bestimmt.

300 g Busch- oder Stangenbohnen 300 g Keniaböhnchen	putzen, dabei immer gleich eine Hand voll nehmen, dann geht es sehr schnell. Lauwarm waschen. Buschbohnen ganz lassen, Stangenbohnen in Stücke brechen,die zarten Keniaböhnchen ganz lassen. Alle am besten auf ein Tablett legen, auf dem auch das andere Gemüse noch Platz hat.
1 kleines, halbes Weißkraut	in Salzwasser legen,vom Strunk befreien und sehr fein,am besten mit einem Brotmesser in sehr feine Streifen schneiden oder hobeln.
1 kleine Fenchelknolle	putzen,äußere Blätter entfernen, Grün beiseite legen, Knolle in feine Streifen schneiden.
2 Gelbe Rüben (Möhren)	putzen und stifteln,
1/4 Sellerieknolle	ebenso vorbereiten.
1 große Tasse Bean Sprouts	waschen und abtropfen lassen.
1 l Gemüsebrühe*	In einem großen Suppentopf aufkochen, das Gemüse zugeben außer den Bean Sprouts, die erst zum Schluß kurz mitgaren. Die
*Azukibohnen	müssen mindestens 1/2 Std.separat kochen und werden dann am Schluß zugefügt.Das Gemüse darf nicht zu weich werden. Gewürzt mit
Sojasauce, Sambal Oelek, Chinagewürz(Dajong) Roten Pfefferperlen und Koriander	den man leicht angeröstet hat.

Ländlicher Gemüsetopf

Kochen Sie dieses Quatum, dann können Sie eventuell einen Rest einfrieren für eine Zeit, in der manche Zutaten nicht so gut erhältlich sind.

*500 g neue Kartoffeln	fest bürsten, waschen, in Würfel,
*1/2 Sellerieknolle	in Stäbchen,
*6 schmale Gelbe Rübchen	in ca. 4 mm Scheibchen und
1 Petersilienwurzel	in kleine Würfelchen schneiden,
*375 g grüne Bohnen	in Stücke brechen,
*1 Stange jungen Lauch	von den äußeren Blättern befreien, in 3 mm Ringe schneiden, sehr gut waschen, damit kein Sand zwischen den Ringen haftet. In einem Topf
1 große weiße Zwiebel	kleinwürfelig schneiden, in
3 El Öl oder Butter	glasig anlaufen lassen.

Das Gemüse nach der oben angegebenen Reihenfolge in den Topf geben. Gut durchrühren und mit soviel

Gemüsebrühe*	aufgießen, daß das Gemüse fast bedeckt ist. Bei mäßiger Hitze zugedeckt garen, sanft köcheln lassen, damit es nicht zu weich wird.

Abschmecken mit:

1 Tl Flüssigwürze	
schwarzem Pfeffer	aus der Mühle
2 Gemüsebrühwürfel	falls die Brühe nicht gewürzt war,
3 El Petersile	
1 El Liebstöckel	
1 Tl frischem Bohnenkraut	und
1 Tl Korianderkugeln	trocken geröstet.

Schnittlauchröllchen	Vor dem Auftragen erst anstreuen.

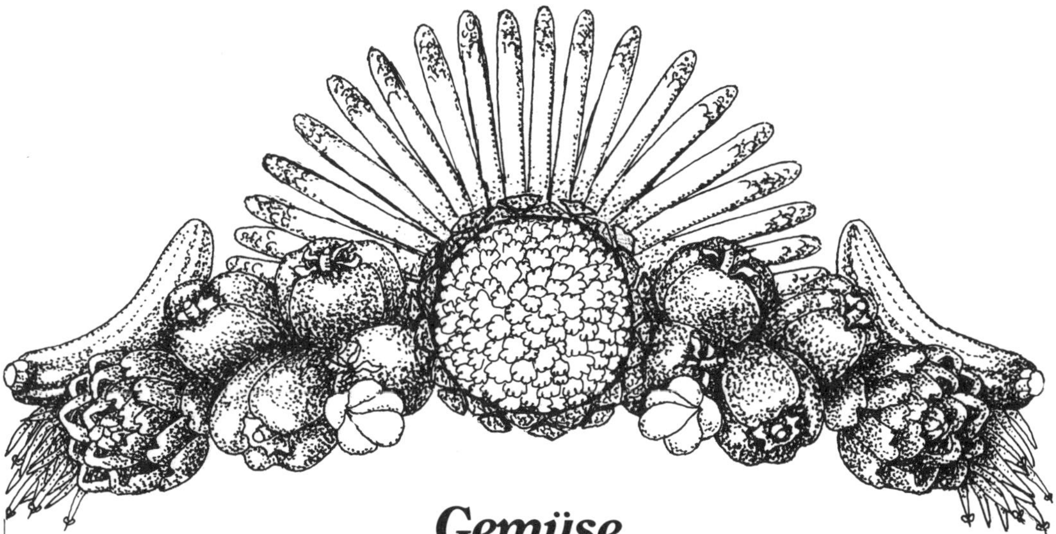

Gemüse

Gemüse versorgen uns mit lebensnotwendigen Vitaminen und wichtigen Mineralstoffen. Wie wir im Sommer gerne kühle Salate essen, so freuen wir uns im Winter auf eine gute Gemüsesuppe oder einen deftigen Eintopf.

Bei aller Liebe zur Rohkost, es gibt Gemüsesorten, die ohne größere Vitaminverluste **gekocht** werden **können**, wie Wurzeln und Knollen und andere, die **gekocht** werden **müssen.** Dies sind z.B.: Artischocken, Auberginen, alle Bohnensorten, Grünkohl, Grünspargel, Hülsenfrüchte, Hülsenfrüchte-Keimlinge, Kartoffeln, Maroni und Stangenspargel. Alle haben aber eines gemeinsam, sie sind unsere Ballaststofflieferanten, die wir zu einer gesunden Verdauung dringend brauchen.
Alle Gemüse sollten nur im frischesten Zustand verwendet werden. Siehe auch Einkauf bei Adam S.16.

Das beste Gemüse bleibt aber nur sehr gut, wenn Ihre Zubereitung bestens ist und diese beginnt bereits beim "Salatwaschen" S.E 34. Das Gemüse wird schonend gegart, entweder gedämpft oder "pfannengerührt," wie in den Rezepten jeweils angegeben.

Bei **Gemüsepasteten** empfiehlt sich; das Gemüse oben auf dem Herd rasch zu garen und dann **fertig** in die Form zu füllen und nicht - das womöglich bereits vorgegarte Gemüse **nocheinmal** in der Backröhre längere Zeit zu belassen. Das Gemüse ist dann nur noch als Geschmacksträger zu betrachten.

Spinat-Tomaten-Pfanne

Bei dem Gedanken an Gemüse steht bei vielen Menschen Spinat, der Inbegriff des "Grünen" an der Spitze. Richtig zubereitet ist er eine ideale Beilage und kann mit vielen anderen Gemüsesorten kombiniert werden. Da er sehr schnell einem Vitaminverlust unterliegt, ist ein guter Einkauf und eine schnelle Verarbeitung erforderlich. Daß Spinat aus gesundheitlichen Gründen nie aufgewärmt werden darf, ist ja hinreichend bekannt. Die gute Kombinationsmöglichkeit zeigt Ihnen dieses Rezept.

Für 2 Personen:

500-700 g jungen Spinat	waschen, lange Stiele entfernen, (denn sie enhalten Oxalsäure). In eine große Stielpfanne den Spinat mit dem anhaftenden Wasser hineingeben und zusammenfallen lassen. In ein Sieb zum Abtropfen geben. Pfanne säubern, in dieser
2 El Butter	zerlassen,
1 Zehe Knoblauch	hineinpressen und
1 Msp Meersalz	einstreuen. Den Spinat zufügen und mit
Flüssigwürze und Muskatnuß	frischgemahlener gut abschmecken. Den Spinat in einem Kreis an den Pfannenrand schieben.
*3-4 Eiertomaten	ohne Stielansatz in Scheiben schneiden und im inneren Kreis anschließend an den Spinat plazieren. Innen frei lassen. Die Tomaten mit
Oregano und Pfeffer	bestreuen. Pfanne zudecken, daß die Tomaten noch ein bißchen mitgaren können. In die Mitte
2 Eier	vorsichtig hineinschlagen und als Spiegeleier braten.
Kleine Basilikumblätter	anstreuen und nur das Eiweiß mit
wenig Meersalz und Pfeffer	bestreuen. Falls nötig, als Beilage Back-, Pellkartoffeln oder Reis.

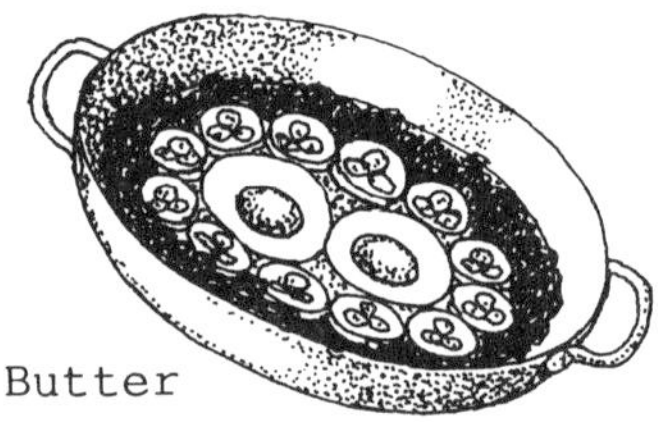

Artischocken

Die Artischocke (Cynara scolymus) schmeckt nicht nur gut, wegen ihres Gehaltes an Cynarin und Inulin ist sie ein Labsal für Magen und Galle und fördert deren Funktion. Zu allem ist ein Artischokkenessen sehr gemütlich, denn man kann die einzelnen Blätter nur in Muße genießen.

Für 2 Personen:	einen großen Topf mit
Salzwasser	zum Kochen aufsetzen, in dem die Artischocken dann genügend Platz haben.
1/2 Zitrone	in Scheiben
1 Tl schwarze Pfefferkörner	
4 Lorbeerblätter	zugeben, alles zum Kochen bringen. Inzwischen
2 große Artischocken	waschen, Stiele abschneiden, mit der anderen
1/2 Zitrone	einreiben. Dann erst, wenn das Wasser richtig kocht, die Artischocken einlegen und zugedeckt 45 Min. kochen lassen. Am besten legen Sie einen dicken Dessertteller darauf, damit die Artischocken unter Wasser bleiben. Wenn man ein Blatt leicht herausziehen kann, sind sie fertig. Umgekehrt also mit Stielende nach oben abtropfen lassen. Dann heiß servieren. Große Abfallschale nicht vergessen und kleine Saucenschüsselchen aufstellen in die man die dicken Blattenden eintauchen kann. Als Dippsauce
Ajoceite* S. **A** 26	
Joghurt-Quarksauce* S.**E** 29	oder
Vinaigrette* S.**E** 28	
	Der Mittelteil, das "Heu" wird entfernt und der köstliche Boden liegt frei zum Verzehr mit der Dippsauce.

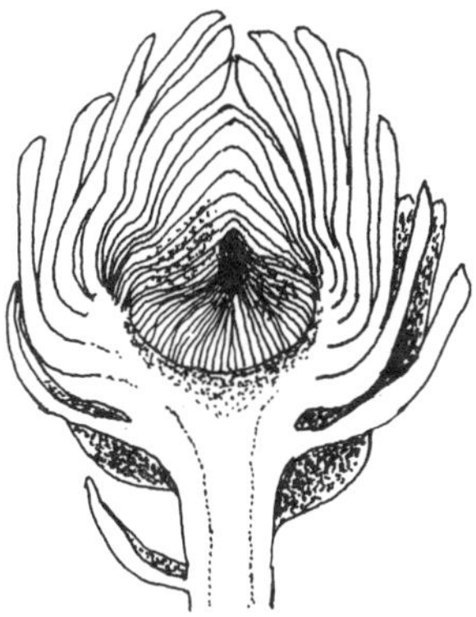

Maiskolben

sind am besten, wenn das innerste Deckblatt den Kolben noch umschließt. Diese Maisperlen sind noch hell und noch nicht ausgetrocknet.

1 l Wasser **ohne** Salz	zum Kochen aufsetzen. Salzwasser würde die Körner hart machen.
2 Maiskolben	in das kochende Wasser einlegen und 20-30 Min. kochen. Garprobe machen! Abtropfen lassen. In einer Stielpfanne
1-2 El Butter mit 1/4 Tl Salz	erhitzen, die Kolben einlegen und ringsum schön goldgelb anbraten. Mit Maissticker oder Holzstäbchen halten und die Körner abknabbern oder fein, mit Gabel halten, mit Messer abschaben und mit Gabel und Messer essen.

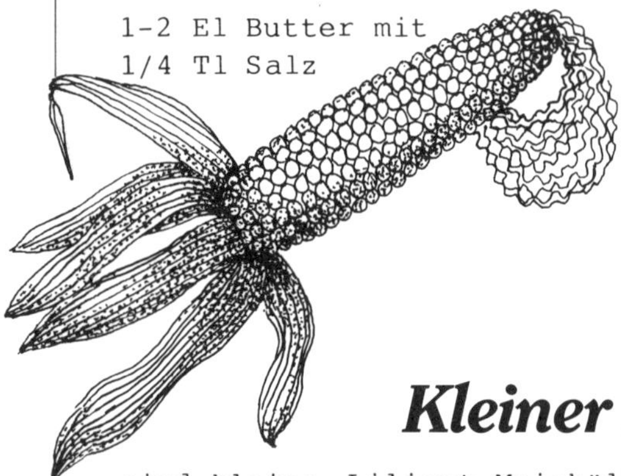

Kleiner Zuckermais

sind kleine Liliput-Maiskölbchen, sehr zart und fein im Geschmack. Sie haben eine wesentlich kürzere Garzeit als die großen Kolben. Als Beilage nehmen Sie

für 2 Personen:

250 g Zuckermaiskolben.	In einer Stielpfanne bodenbedeckt Wasser erhitzen. Kein Salz zugeben! Maiskölbchen einlegen und 5-8 Min. zugedeckt bei gelinder Hitze garen. Gut abtropfen lassen. Pfanne austrocknen.
1-2 El Butter mit 1/4 Tl Salz	in der Pfanne aufschäumen lassen, die Kölbchen einlegen und nur zart goldgelb bräunen. Diese Kölbchen kann man mit dem Innenteil verspeisen.

Zucchini-Taler

Für 2 Personen:

3 Zucchini (ca.375 g)	waschen, Stielansatz kürzen, mit
1 eigroßen Kartoffel	grob in ein Sieb raspeln, so kann falls nötig, Saft gleich ablaufen.
3 Knoblauchzehen	gepreßt zufügen, ebenso
2 EL frische Kräuter	gehackt. Am besten passen dazu:
Basilikum, Petersilie, Zitronenmelisse und etwas frischer Majoran.	Alles in eine Schüssel geben,
1 Ei	
3 El Reibekäse	
3 El Dinkelmehl	zufügen, mit
Flüssigwürze und schwarzem Pfeffer	frischgemahlenem sehr gut würzen. Alles sehr schnell vermischen, der Teig sollte nämlich nicht lange stehen, sonst zieht er zu viel Saft. In einer gut beschichteten Stielpfanne bodenbedeckt
Distelbratöl	erhitzen und die Taler in Größe von Kartoffelpuffern mit einem Löffel einlegen, Teig andrücken und etwas formen. Erst die eine Seite schön braun backen, dann erst wenden und die andere Seite auch bräunen. Zucchini-Taler schmecken heiß und auch kalt sehr gut. Auch zum Mitnehmen sind diese Taler bestens geeignet.

Gefüllte Zucchini

Für 2 Personen:

3 Zucchini ca. 15 cm lang — waschen, den Stiel kürzen, halbieren, mit einem Apfelausstecher das Innere der Länge nach herausnehmen, in kleine Scheibchen schneiden oder hacken. Mit dem Saft von

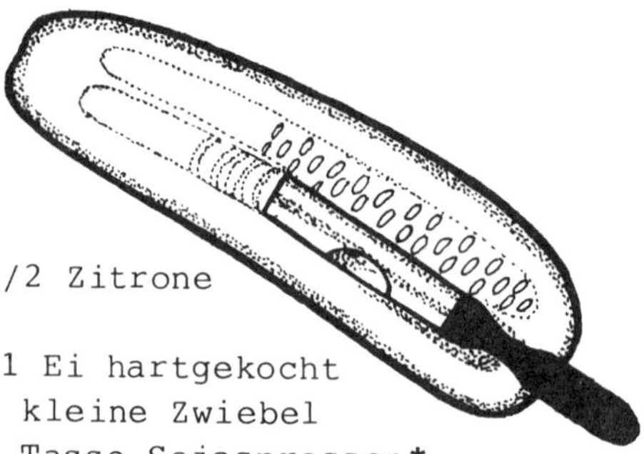

1/2 Zitrone — beträufeln. In eine Schüssel geben.

*1 Ei hartgekocht — kleinhacken,
1 kleine Zwiebel — ebenso mit
1 Tasse Sojasprossen* — vielleicht selbstgezogen, zufügen, mit frischgemahlenem

schwarzen Pfeffer — aus der Mühle,
Sojasauce und Dajong — würzen.
Petersilie, Zitronenmelisse und Thymian — anstreuen.

Backröhre auf 200° vorheizen.

Die Mischung in die Zucchinihälften gleichmäßig aufteilen. Eine feuerfeste Form einölen,

4 große Fleischtomaten — gebrüht und abgezogen, in 4 mm Scheiben schneiden und die Form damit belegen.

1 Tl Oregano — darüberstreuen. Die Zucchini daraufsetzen, im vorgeheizten Backrohr auf der mittleren Einschubleiste 35 Min. belassen. Kurz vor Ende der Garzeit

100 ml süße Sahne und
50 ml Sauerrahm mit
etwas Flüssigwürze — verschlagen, über die Tomaten geben und einziehen lassen.

Reis, Nudeln oder auch ein Fünfkornbrötchen dazu, wenn der Hunger sehr groß ist.

Auberginen u. Zucchini gebacken

Für 2 Personen:

Zuerst den Teig herstellen:
Bierteig von S.E 136 oder
Ausbackteig von S.E 136

2 mittlere Auberginen oder
3 Zucchini ca. 15 cm

waschen, Blütenansatz entfernen und 1/2 cm dicke Schrägstreifen schneiden.
Erst unmittelbar vor dem Eintauchen in den Teig, die Scheiben mit einer Mischung aus

Meersalz
weißem Pfeffer und
Oregano

würzen. Nicht früher, sonst saften die Gemüsescheiben.

Distel-Bratöl
1 Msp Salz

mit
ca. 1,5 cm hoch in einer Stielpfanne erhitzen. Wenn sich um einen eingetauchten Kochlöffelstiel Blasen bilden,ist die Temperatur gerade richtig zum Einlegen der Gemüsescheiben. Diese durch den Bierteig ziehen und in das heiße Öl einlegen.
Pfanne nicht zu voll machen.
Die Gemüsescheiben auf beiden Seiten schön goldgelb backen.
Mit Zitronenspalten auftragen.

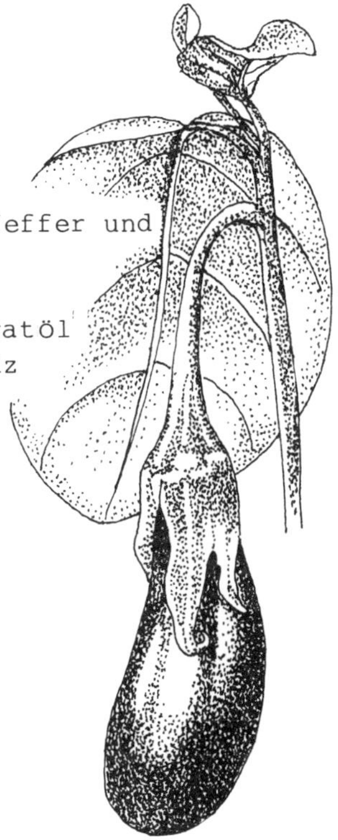

Dazu passen Spaghetti, Tomatensugo* oder Kartoffeln*. Sehr gut schmeckt auch eine Ajoceite oder eine leichte Mayonnaise* dazu.

Auf die gleiche Art können Sie auch **Zucchini-Blüten** ausbacken.

Austernpilze geröstet

Austernpilze sind hervorragende Zuchtpilze, eine echte Bereicherung in der vegetarischen Küche. Sie sind nicht nur wohlschmeckend, sondern auch kalorienarm. 100 g Austernpilze enthalten nur 31 kcal. Das enthaltene Eiweiß entspricht dem anderer Pilze, ist aber leichter verdaulich. Die Pilze sind sättigend und eine Portion von 200 g weist nur 1 BE auf.
Der Vitamingehalt von B2 sorgt auch noch für Energie-Stoffwechsel und macht schöne Haut. An Mineralstoffen sind Kalium, Magnesium, Phosphor und Eisen enthalten. Also auf zu einer gesunden und schlanken Schlemmerei.

Einkaufstip: Frische Austernpilze haben festes, saftiges Fleisch und zeigen in der Regel glatte, nach unten gerollte Hüte. Austernpilze sind nicht so empfindlich wie andere Pilze.

Für 2 Personen:

400 g Austernpilze	säubern, Stiele etwas kürzen, wenn nötig, nur mit feuchtem Küchenkrepp abreiben. Nicht waschen, sonst würden die Pilze zu feucht werden! Große Exemplare teilen. In einer Stielpfanne
2 El Sonnenblumenöl	erhitzen,
*2 Knoblauchzehen	gehackt, nicht gepreßt und
*1 Schalotte	feingewürfelt, gleich mit den vorbereiteten Pilzen hineingeben und und bei großer Hitze schnell unter Umrühren rösten. Jetzt erst mit
Meersalz und schwarzem Pfeffer	frisch aus der Mühle würzen und
1 El Petersilie	sehr feingehackt, darüberstreuen. Ein gutes Brot dazu, einfach prima!

Sehr gut schmecken diese gebratenen Pilze auch heiß auf festeren Blattsalaten wie z.B. Romana-,Frisee- oder Radicchio-Salat.

Egerlinge und Champignons

Zuchtpilze sind Pilze ohne Risiko, es bestehen keine Verwechslungsmöglichkeiten, sie sind frei von Schwermetallen und durch die kurzen Transportwege frisch erhältlich. Sie bringen so wenig Kalorien mit, daß die Beilagen nicht so schmal bemessen sein müssen. So gibt es wieder:

Schwammerl in der Rahmsauce

Für 2 Personen:

200 g Egerlinge und
100 g Champignons putzen, d.h. die Stiele etwas kürzen, falls nötig die Pilze mit feuchtem Küchencrepp leicht abreiben. Bitte nicht waschen, das ganze Aroma geht sonst verloren. Erst kurz vor Gebrauch in ca. 3 mm Scheibchen schneiden.So brauchen sie nicht mit Zitronensaft begossen zu werden, was wiederum den Geschmack stören würde.

2 El Butter in einem niederen Topf erhitzen, die Pilze einfüllen und gleich umrühren.

1 ganze Zwiebel schälen und in den Pilzen vergraben. Topf zudecken und die Pilze ca.5 Minuten dünsten. Jetzt erst mit

Salz u.schwarzem Pfeffer würzen, einen kleinen
Spritzer Essig und
1/2 Tasse süßen und
1/2 Tasse sauren Rahm angießen. Abschmecken. Vielleicht noch ein bißchen

Flüssigwürze hinein. Mit
ca.2 El Petersilie recht feingehackt bestreuen. Die Zwiebel herausnehmen und mit der Beilage gleich auftragen. Dazu passen: Rivanzerl* oder Reis*. Oder Sie nehmen die Pilze für eine Füllung in Pfannkuchen* oder in ein Pastetchen.*

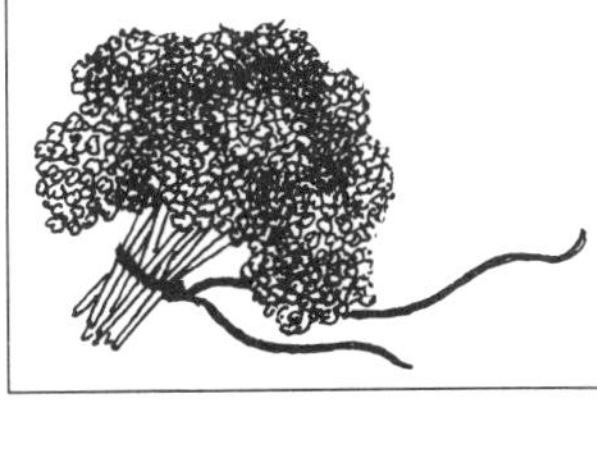

Stangenspargel gekocht

Spargel ist nicht nur ein sehr edles Gemüse, sondern bietet uns eine Menge für unsere Gesundheit. Er enthält z. B. Niacin, ein Vitamin der B-Gruppe, das wie die ebenso enthaltene Aminosäure Asparagin die Nierentätigkeit anregt. Außerdem enthält er die Vitamine A und C und gilt zudem als Schlankheitsgemüse.

Nehmen Sie am besten mittelstarke Stangen, die sich leichter schälen lassen als zu dünne und besser schmecken als zu dicke.

Für 2 Personen:

700 - 1000 g weißen Spargel — waschen, zweckmäßig mit einem Gemüse-oder Spargelschäler unter dem Kopf dünn beginnen, zum Stiel hin dicker werdend und die Enden großzügig abschneiden, denn eventuell holzige Teile müssen entfernt werden. Die geschälten Spargel auf gleiche Länge bringen und bis zum Gebrauch in ein feuchtes Tuch schlagen. Die Abschnitte können Sie für Suppe verwenden. In einen Topf soviel

Wasser mit Meersalz und 1 Tl Öl — füllen, daß die Stangen hernach bedeckt sind. Das Wasser zum Kochen bringen, den Spargel einlegen. Den Topf auf der Herdplatte so verschieben, daß die zarten Spargelköpfe nicht direkt über der Herdplatte stehen. Sonst werden sie zu weich. Nach 25 Min. am Stielende Garprobe machen. Unbedingt fertiggaren, sonst fehlt der typische Spargelgeschmack. Den fertigen Spargel abtropfen lassen. Als Beilage: Sauce Hollandaise*oder Malteser-Sauce*und Kartöffelchen.

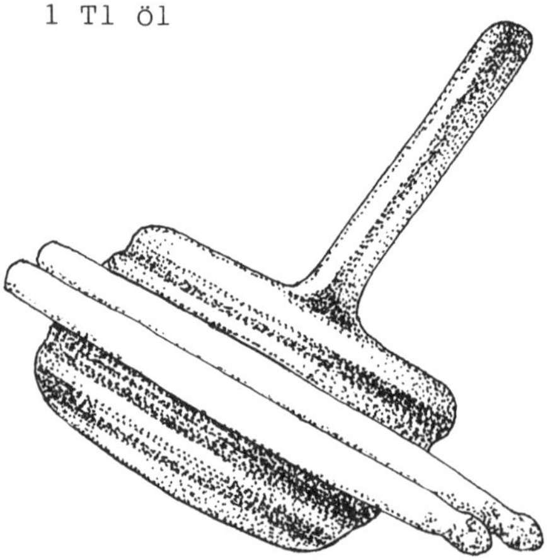

Sauerkraut mit Paprika

In Ungarn kennt man die Zusammenstellung von Sauerkraut und hellem Paprika sehr wohl. Die Schoten sind mit Sauerkraut gefüllt und eingelegt. Dieses Rezept enthält dieselben Zutaten für ein warmes Gericht. Es ist in der Zubereitung wesentlich einfacher.

Für 2 Personen:

1 kleine weiße Zwiebel	in
2 El öl	anlaufen lassen.
500 g Sauerkraut	mit einer Gabel auflockern und zufügen, umrühren und mit
1/4 l Gemüsebrühe*	aufgießen.
2 gelbe Paprikaschoten	von den Stielen befreien, halbieren, die Samen entfernen und waschen, dann in Streifen schneiden und mit dem Sauerkraut leise köcheln lassen, bis die Schoten fertig aber nicht verkocht sind. Nach Bedarf noch etwas Brühe angießen. Mit
1 Tl Rosenpaprika und 1 Tl Flüssigwürze	abschmecken. Als Beilage gibt es Kartoffelbrei,* Schupfnudeln* oder Kartoffeln in der Pfanne*.

Bayerisches Sauerkraut

Für 2 Personen:

1 gelbe Zwiebel	kleinwürfelig schneiden,
1 kleinen Apfel	ungeschält in Scheibchen, in
2 El Butterschmalz	anlaufen lassen.
500 g Sauerkraut	aufgelockert zugeben, mit
etwas Brühe oder Wein	angießen. Mit
1 Tl Kümmel	bestreuen, ca. 30 Min. köcheln lassen. Beilagen: Reiberdatschi bzw. Kartoffelpuffer* oder Schupfnudeln* oder "schlanker" - Kartoffelbrei*.

Rotkraut mit Äpfeln

Für 2 Personen:

1/2 Rotkrautkopf	halbieren, in Salzwasser waschen, den Strunk und harte Blattrippen entfernen. Das Kraut in ca.3 mm Streifen schneiden oder hobeln.
2 El Rotweinessig	angießen und gut durchmischen, so behält das Kraut seine schöne Farbe. Jetzt
1 Zwiebel	schälen, mit
3 Nelken bestecken	diese in
2 El Öl oder	
1 El Butterfett	im ganzen rundum andünsten,
1 säuerlichen Apfel	gewaschen, ungeschält, blättriggeschnitten zufügen. Das Kraut zufügen und gut durchrühren.
1-2 Tassen Gemüsebrühe*	angießen, ca.35 Min.köcheln lassen. Bei Bedarf etwas Flüssigkeit nachgießen. Mit
Meersalz, einem Hauch Zimt und schwarzem Pfeffer	frisch gemahlen, würzen. Zwiebel vor dem Auftragen entfernen. Nach Belieben kann man noch ein wenig Rotwein angießen. Zu Rotkraut schmecken Kartoffeltaler*, Schupfnudeln* oder Maroni*. Siehe Rezept nächste Seite.

Maroni

sind ein ausgezeichnetes Mittel gegen Venenerkrankungen. Man muß deshalb nicht gleich zur Medizin greifen. Maroni schmecken noch dazu auch gut, besonders zu Rotkraut und Rosenkohl. Diese vielleicht ein bißchen deftige Zusammenstellung ist an kühlen Herbst- und Wintertagen gerade recht.

Für 2 Personen:	Die Backröhre auf 220° vorheizen.
500 g Maroni	auf der gewölbten Seite quer einschneiden und mit der glatten Seite auf ein Backblech legen. Ein Töpfchen mit Wasser mit auf das Backblech stellen. Bei 220° in der Backröhre belassen bis sie sich leicht schälen lassen. In einem niederen flachen Topf
2-3 El Butter	aufschäumen lassen,
1 Msp Salz	einstreuen, die Maroni darin gut durchschütteln,
1 Tasse Gemüsebrühe	zufügen, den Topf zudecken und unter gelegentlichem Rütteln, die Maroni in etwa 35 Min.fertiggaren. Sie sollen die Flüssigkeit aufgesogen haben und schön braun sein. Nach Belieben können Sie anfangs in die Butter 1 Tl Rohrzucker mit einstreuen.

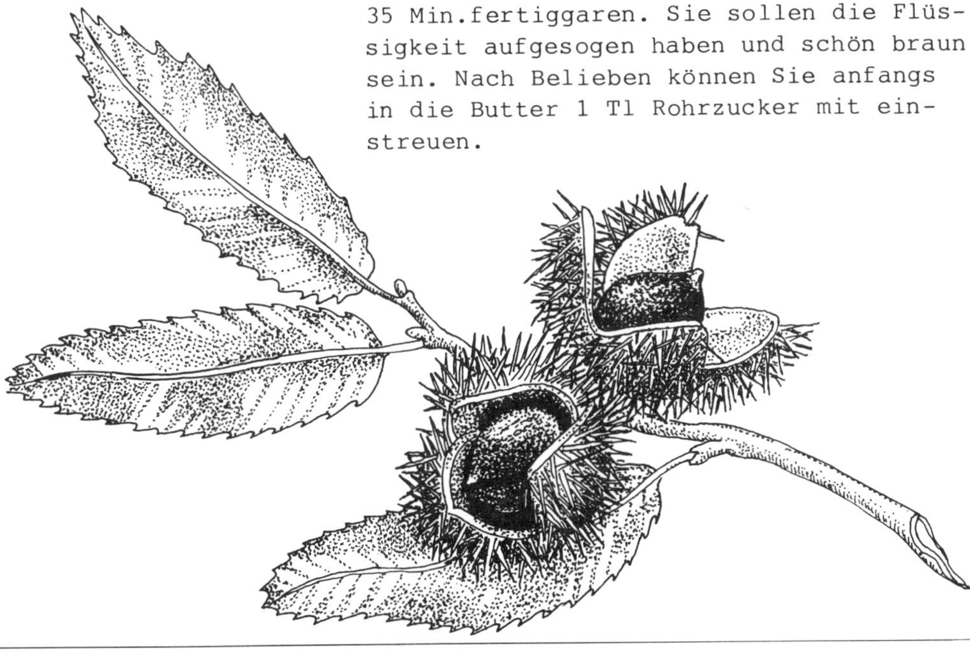

Rosenkohl

Rosenkohl ist ein sehr vitaminreiches Gemüse. Am besten ist er nach kurzem Frost. Zubereitungsarten gibt es genügend. Auf jeden Fall wird er am besten in einem Fächersieb über Salzwasser in einem Topf bißfest gegart.

500 g Rosenkohl	von den äußeren Blättchen befreien und den kleinen Strunk kreuzweise einschneiden und garen wie oben empfohlen. In einem Topf
150 g süße Sahne	etwas einköcheln lassen, mit
Muskat und wenig Flüssigwürze	abschmecken.Den Rosenkohl darin schwenken. **Oder:**
2-3 El Butter	zerlassen und
2 -3 El Weizenkeime	darin verrühren und über die Rosenkohlröschen geben. **Oder:** Rosenkohl durch Bierteig* ziehen und in einer Pfanne ausbacken.

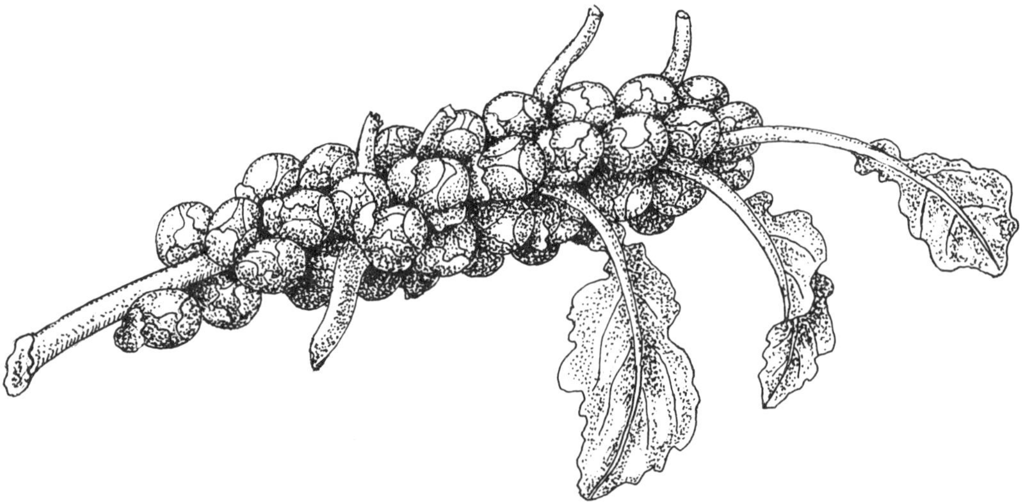

Wirsingwickerl

Wirsing ist ein sehr gesundes Gemüse, sehr kalkreich und vor allem bringt er in großem Maße Ballaststoffe mit.

Als erstes 1 Tasse Reis nach Rezept Seite E 101 herstellen.

1 kleinen Wirsingkopf Gemüsebrühe*	in Salzwasser waschen, 5 Min. in kochen, bis man 12 Blätter ablösen kann. Diese zum Abtropfen auf ein Brett legen. Den Rest Wirsing noch 5 Min. kochen. Einen Teil, ca.1 Tasse hacken. Den Reis mit dem gehackten Wirsing und
1 Eiweiß, 1 Ei	
3 El Pinienkerne	trocken geröstet,
2 El Weinbeeren 1 El Weizenkeime 1 Tl Zimt und 1 kleines Stück Ingwerwurzel, 3 cm	gerieben vermischen. Jeweils 2 Wirsingblätter aufeinanderlegen. Die Reismischung darauf verteilen. Die Längsseiten etwas einschlagen, damit die Füllung nicht herausfällt, dann auf der Breitseite aufrollen. Nun können die Wickerl entweder in einem Topf **auf** dem Herd gedünstet oder in einer feuerfesten Form **im** Backrohr fertiggegart werden. Bei beiden Arten wird etwas
Gemüsebrühe* Butterflöckchen	angegossen, die Wirsingwickerl mit belegt und zum Schluß gießt man
100 ml süße Sahne mit 3 El Tomatenketchup	verschlagen zu den Wickerl. Garzeit im Herd 30 Min. bei 180°.

Krautwickerl aus Weißkraut können Sie auf dieselbe Weise herstellen.

Chinatopf

Wichtig: Alle Zutaten vorbereiten - alles griffbereit stellen.

Mit kochendem Wasser folgende getrocknete Zutaten überbrühen:

1 El dunkle chin. Morcheln	1 El helle Morcheln
2 Tongu-Pilze	1 El Lilienknospen

30 Minuten einweichen.

Gewürzmischung in einem Schälchen vorbereiten.

1 Tl helle Sojasauce	1/2 Tl Fünfgewürzemischung
1 El Reiswein	1/2 Tl Dajong

mit 1 Tl Stärkemehl gut vermischen.

100 g Tofu,Sojabohnenquark	in 1 cm dicke Stäbchen schneiden und in heißem
Sesamöl	in 2 Min. ausbacken,
Sojasauce	darübergießen, beiseite stellen,
50 g Erbsschoten	entfädeln und Stiel abknipsen.
50 g Chinakohl	in Streifen schneiden,
2 Frühlingszwiebeln	in 3 cm Stücke schneiden,
30 g Glasnudeln	lauwarm einweichen,
50 g Sojakeime	waschen. Die eingeweichten Zutaten von holzigen Teilen befreien, waschen und ggf.teilen. Eine höhere, weite Stielpfanne oder einen Wok erst leer erhitzen, dann
2 El Sesamöl	auf hohe Hitze bringen,
1 Zehe Knoblauch und 1 Stück Ingwer 2 cm	beides feingehackt in das Öl geben zuerst die Pilze unter Rühren braten, dann Lilienknospen, Sojakeime und das andere Gemüse beigeben. Pfanne rühren, nach 5 Min. Tofu und Glasnudeln dazu, die obige Gewürzmischung angießen, gut vermischen, "bis sich alles verheiratet" hat. Wichtig: Nochmals stark erhitzen, damit sich die feinen Gewürze gut entfalten können.

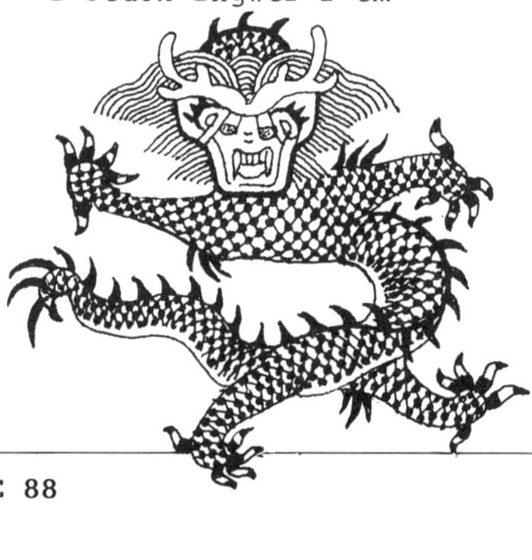

Kartoffel-Gratin

Diese überbackenen Kartoffeln können sehr vielseitig gestaltet werden, sei es als Beilage oder selbständiges Gericht. Die Verbindung mit Milchprodukten ist eine sehr gute Ergänzung.

Für 2 Personen:

500 g kleine Kartoffeln festkochend — am besten beim Waschen bürsten, dann müssen sie nicht geschält werden. Auf dem Gurkenhobel oder in einer Küchenmaschine zu ca. 4 mm Scheibchen hobeln. Mit Küchenkrepp im Ganzen abtupfen. Eine feuerfeste Form sehr großzügig mit

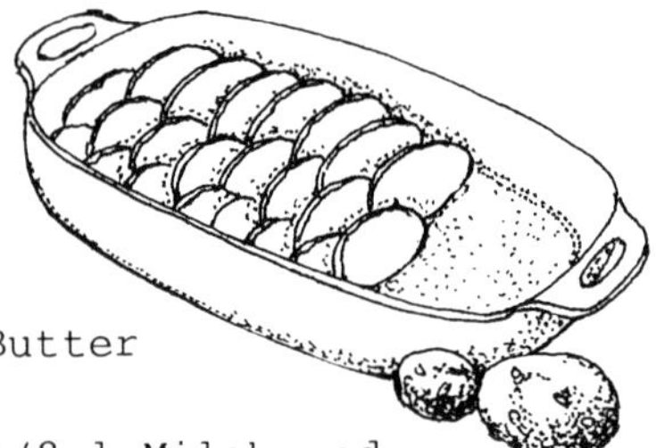

Butter — einfetten. Die Kartoffelscheiben dachziegelartig einlegen.

1/8 l Milch und
3 El dicke saure Sahne — verklöppeln, nach Belieben
2 Knoblauchzehen — hineinpressen, mit
weißem Pfeffer und
etwas Muskat — würzen, die Mischung über die Kartoffeln gleichmäßig verteilen. Im vorgeheizten Bratrohr die ersten 10 Min. mit Alufolie abgedeckt, bei 180°, insgesamt je nach Kartoffelsorte ca. 45 Min. backen.

Dieses Grundrezept können Sie variieren:

In die Milch noch 50 g Reibekäse einrühren. **Oder** 1 Stange Staudensellerie in sehr feine Scheibchen schneiden und zwischen die Kartoffelscheibchen plazieren. **Oder** 2 Zucchini in Scheibchen schneiden, mit Zitronensaft beträufeln, leicht pfeffern dann zwischen die Kartoffeln einschichten. **Oder** die Kartoffeln vor dem Einlegen mit frischem Majoran vermischen.

Kartoffelgerichte

Die Kartoffel, lange als Dickmacher verschrien, hat in Wirklichkeit nur wenig Kalorien, hochwertiges Eiweiß und Kalium, das entwässernd wirkt, was Kartoffeldiäten beweisen.

Wenn Sie Kartoffeln im Hause haben, können Sie immer etwas Gutes zaubern. Wie vielseitig diese Knolle ist, erfahren Sie auf den folgenden Seiten.

Wenn Sie keinen kühlen Keller haben,um Kartoffeln lagern zu können - kaufen Sie frisch ein, denn gekeimte Kartoffeln sollten nicht mehr verwendet werden.

Damit der volle Wert erhalten bleibt, spielt die Zubereitung eine große Rolle. Vergessen Sie roh geschälte Kartoffeln in Salzwasser gegart! Die Nährstoffe sitzen direkt unter der Schale und werden somit entfernt und im Salzwasser werden auch noch die Knollen ausgelaugt.

Darum nichts über eine gute Pellkartoffel!

Pellkartoffeln

Um die wertvollen Nährstoffe der Kartoffeln am besten zu erhalten, empfiehlt es sich, sie als Pellkartoffeln zu kochen. Mehr darüber auf der vorhergehenden Seite.

Für 2 Personen als Beilage:

6 mittlere Kartoffeln

im oder unter fließendem Wasser gut bürsten, in einen Siebeinsatz oder in einen Kartoffeldämpfer geben, in dem man unten Wasser einfüllt. Zum Kochen aufsetzen u. je nach Kartoffelsorte 30-45 Min. kochen. Im Dampfkochtopf beträgt die Garzeit nur 6-8 Min. Leider kann man schlecht eine Garprobe zwischendurch machen. Wenn man immer die gleiche Sorte hat ist dies etwas anderes.

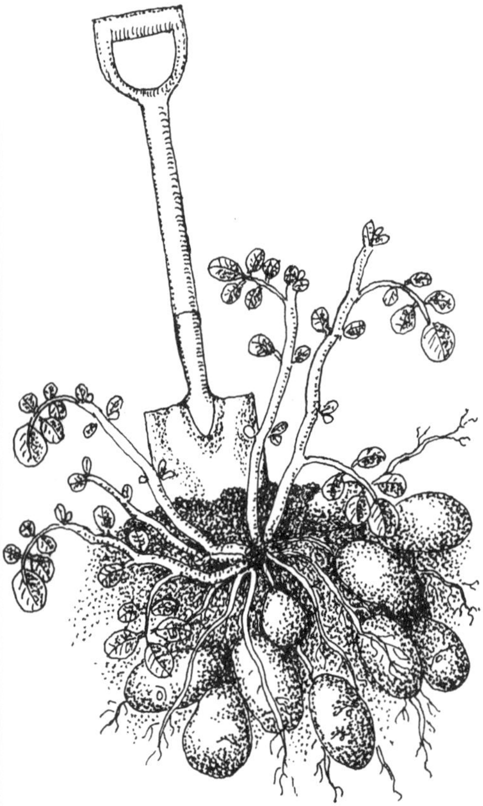

Pellkartoffeln sind eine ausgezeichnete Beilage zu Gemüse und für verschiedene Kartoffelgerichte bestens geeignet.

Alleine schmecken sie mit Quark, Butter oder einer Ajoceite oder mit einem Klecks Sauerrahm und ein wenig Kaviar darauf.

Die Konkurenz sind Folienkartoffeln, die sich für 2 Personen aber nicht rentieren. Erst Backofen anheizen, lange Garzeit also nicht energiefreundlich.

Kartoffel-Topfen-Taler

Für 2 Personen:

500 g mehlige Kartoffeln	in einem Kartoffeldämpfer als Pellkartoffeln kochen, heiß schälen und gleich auf ein mit Mehl bestäubtes Brett durchpressen u. etwas auseinanderbreiten.
*250 g sehr trockenen Topfen	wenn nötig,in einem Tuch ausdrüken und über die Kartoffeln bröseln.
1 kleines Ei	zufügen und
3 El Dinkelmehl	darübersieben,
1 Tl Meersalz, 1 Msp Muskat	
1 El frische Majoranblättchen	**oder**
gemischte Kräuter	kleingehackt, anstreuen. Die Kartoffeln mit den Zutaten rasch vermengen,erst mit 2 Teigschabern und dann mit den Händen kurz durchkneten und zu einer Rolle von ca. 5 cm Ø formen. Davon 1/2 cm dicke Scheiben abschneiden und am besten in einer beschichteten Stielpfanne
Butterschmalz	bodenbedeckt erhitzen, die Taler einlegen und schön goldbraun auf beiden Seiten backen.

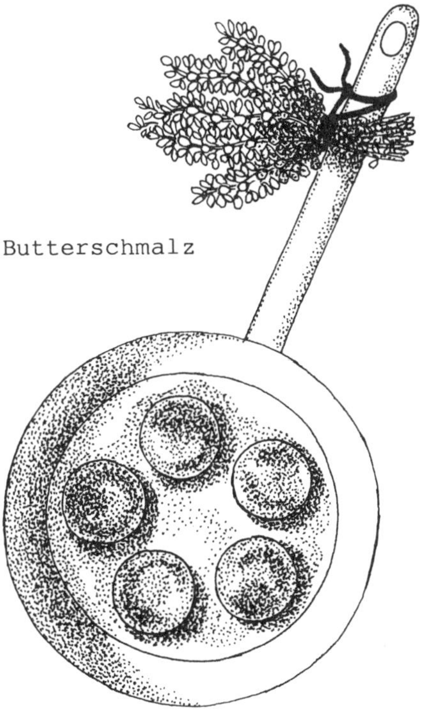

Diese Karoffeltaler passen zu zu jedem Gemüsegericht.

Und zur Abwechslung:

können Sie nach Belieben in den Teig noch 5 El Reibekäse geben und statt der Kräuter 2 El grob gehackte Walnüsse untermischen.

Kartoffelbrei

Nehmen Sie ruhig dieses angegebene Quantum. Aus einem eventuellen Rest können Sie ein feines Süppchen bereiten. S. 67

Für 2 Personen:

600 g mehlige Kartoffeln	als Pellkartoffeln kochen S. 92 heiß schälen, mit einem Kartoffelstampfer sehr fein zerdrücken oder mit einer Kartoffelpresse in eine feuerfeste Schüssel drücken. Mit einem Schneebesen auflockern. Mit
1/2 Tl Salz und	
1 Msp Muskatnuß	frisch gerieben, würzen.
Knapp 1/4 l Milch	kochend heiß mit
1 El Butter	portionsweise unterschlagen. Es kann gleich in der feuerfesten Schüssel oder Kasserolle serviert werden.

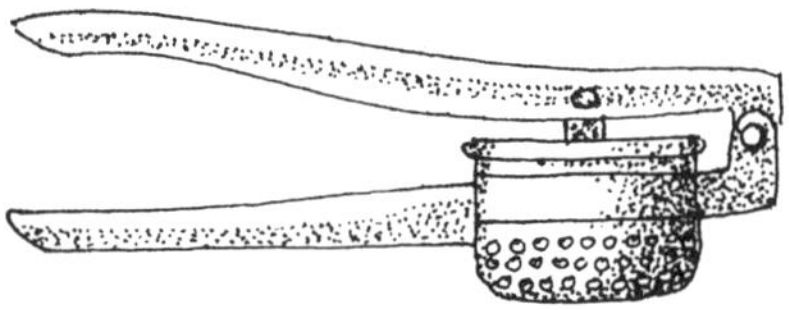

Kartoffel-Soufflé

Für 2 Personen:

	Kartoffelbrei wie oben angegeben herstellen.
1 Eidotter mit	
1 El Dinkelmehl	feingesiebt unterschlagen.
2 sehr kalte Eiweiß	mit
1 Msp Salz	steifschlagen und mit
3 El Reibekäse	locker untermischen. In einer gut ausgebutterten, feuerfesten Form die Masse mit einer Gabel etwas hochziehen, mit
3 -4 El gehobelten Mandeln	bestreuen, bei 180° ca. 20 Min. überbacken bis die Mandeln hellgelb geröstet sind. Dunkel werden die Mandeln bitter, das wäre doch schade.

Kartoffel-Möhren-Puffer

Für 2 Personen:

Zunächst die Sauce vorbereiten. Dazu

150 ml Sahne	steifschlagen,
2 El Tomatenketchup	
2 El Meerrettich und	
1 Tl Orangenalkohol*	leicht vermischt unterheben.
350 g Kartoffeln und	
150 g Möhren (Gelbe Rüben)	unter fließendem Wasser bürsten, mit der Schale grob raffeln.
1/4 Tl Salz	zugeben, Saft etwas ablaufen lassen. In einer Stielpfanne bodenbedeckt
öl mit Butter	gemischt, erhitzen, kleinere Kartoffelpuffer einlegen, erst wenden, wenn die Unterseite fertig ist, sonst kleben die Puffer leicht an. Am besten nimmt man eine beschichtete Pfanne.
2 nicht zu dünne Scheiben gebeizten Lachs	in passende Stücke teilen, zu den Puffern legen und nebenan den Saucenklecks plazieren.

Kartoffel-Reiberdatschi

500 g mehlige Kartoffeln	sauber waschen,nur fest bürsten,fein reiben, Saft ablaufen lassen, nur wenig
Salz	anstreuen und ausbacken wie oben.

Falsche Eier

Diese Kartoffeln passen gut zu Spinat oder anderem grünen Gemüse.

Für 2 Personen:

5 neue eigroße Kartoffeln — sauber bürsten, waschen, in der Mitte der Querseite mit dem Apfelausstecher eine Röhre ausstechen.

3 junge, dünne Karotten — gebürstet und gewaschen in das Loch stecken, mit der Kartoffel bündig abschneiden. In eine Pfanne ca 1 cm hoch

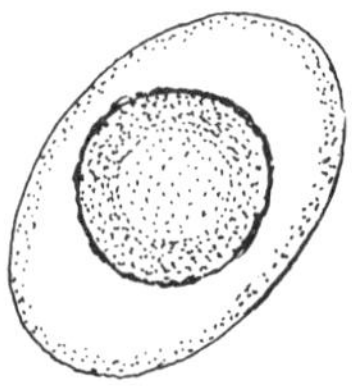

Gemüsebrühe* — einfüllen, gut abschmecken, die "Falschen Eier" einsetzen, zudecken und langsam 6-10 Minuten garen. Nach Bedarf etwas Brühe nachgießen. Wer will kann etwas

Butter, Kräuterbutter oder Öl — am Schluß beifügen. Mit

wenig Salz und Schnittlauch — bestreuen.

Feine Pfannenkartoffeln

Diese Kartoffeln brauchen Sie nicht in der Backröhre machen, oben auf dem Herd werden sie noch schöner, weil Sie sie besser im Auge behalten können. Außerdem sparen Sie dabei noch Energie.

5 eigroße Kartoffeln — bürsten und waschen, der Länge nach halbieren. In einer Stielpfanne mit Deckel von ca.26 cm Ø

2-3 El Öl — erhitzen,

1 El Kümmel mit wenig Salz — einstreuen, die Kartoffeln mit der Schnittfläche nach unten einlegen, bei Herdplatteneinstellung 6-8 **zugedeckt** 10-15 Minuten belassen. Wenn die Schnittflächen braun sind, wenden und ebenfalls bräunen. Garprobe machen, da die einzelnen Kartoffelsorten bekanntlich sehr unterschiedlich sind.

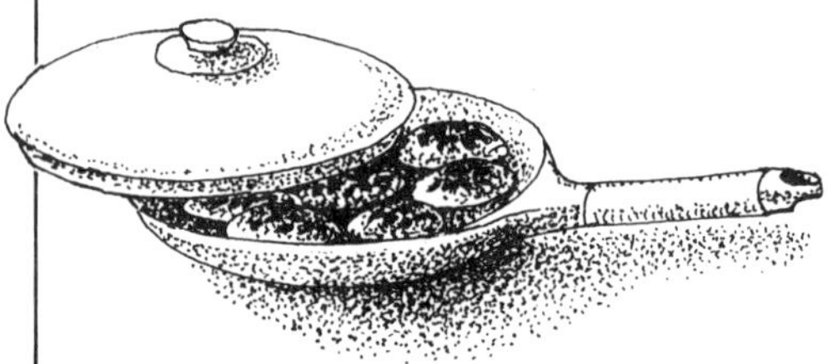

Schupfnudeln

Diese Kartoffelnudeln passen ausgezeichnet zu Krautgerichten. Die Kartoffeln können frisch zubereitet werden oder aber auch bereits gekochte können Verwendung finden.

Für 2 Personen:

500 g mehlige Kartoffeln	waschen, in einem Kartoffeldämpfer in 3/4 Std. oder im Dampftopf, je nach Größe 6-8 Min. garkochen. Die Kartoffeln heiß schälen und gleich durch die Kartoffelpresse drücken. Bereits gekochte Kartoffeln mit einer Gitterreibe auf ein Brett reiben, auseinander verteilen und leicht mit
Meersalz	und mit
50 g Dinkelmehl	gesiebt, bestreuen. Ggf. auskühlen lassen und dann rasch mit
1 Ei,	das man ein bißchen verschlagen hat, locker verkneten. Arbeitsfläche mit Mehl bestäuben und aus dem Teig eine ca. 6 cm dicke Rolle formen, davon 3 cm breite Scheibchen abschneiden und diese rollen, die Enden sollen etwas spitz zulaufen. Auf die Arbeitsfläche immer wieder Mehl aufstreuen, damit der Teig nicht festklebt. In einer Stielpfanne
Butterschmalz	bodenbedeckt erhitzen und die Schupfnudeln schön braun backen. Bei größeren Mengen, z.B. wenn Sie Besuch bekommen, können Sie die Nudeln auch in einer Bratreine oder in einer feuerfesten Form backen. Die Schupfnudeln dann erst im heißen Fett umdrehen und bei ca. 230° backen. Sehr heiß zu Tisch geben.

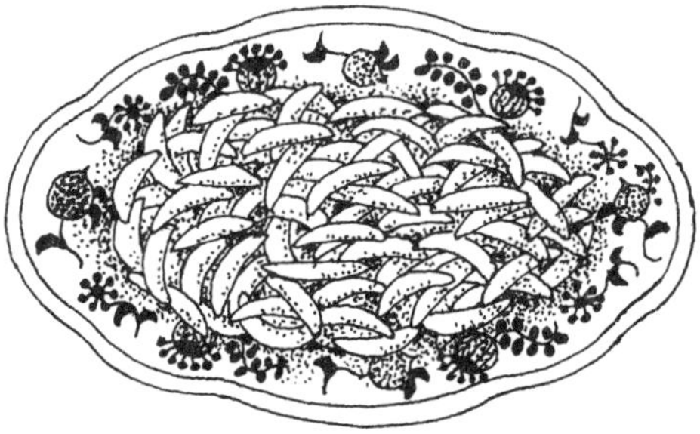

Bunte Kartoffelpfanne

Für 2 Personen:

500 g Salat-Kartoffeln	als Pellkartoffeln kochen, sie können auch vom Vortag sein,kalt in Scheiben schneiden.
1 große Fleischtomate	vom Stielansatz befreien, in Scheiben schneiden,
1 Zucchini ca.15 cm	in Scheibchen schneiden.
1 große weiße Zwiebel	in Ringe geschnitten in einer großen Stielpfanne in
2 El Butterschmalz	anlaufen lassen, die Kartoffeln gleich zugeben und anbraten, mit
Meersalz und Paprika	bestreuen, die Zucchini zugeben und zuletzt die Tomatenscheiben einlegen. Mit
Kräuter der Provence	bestreuen.
100 ml Sahne mit	
1 Ei und	
80 g jungem Gouda	gerieben, vermischen und auf den heißen Inhalt der Pfanne gießen. Pfanne zudecken und die Eisahne stocken lassen. Reichlich
Schnittlauchröllchen	auf das fertige Gericht streuen.

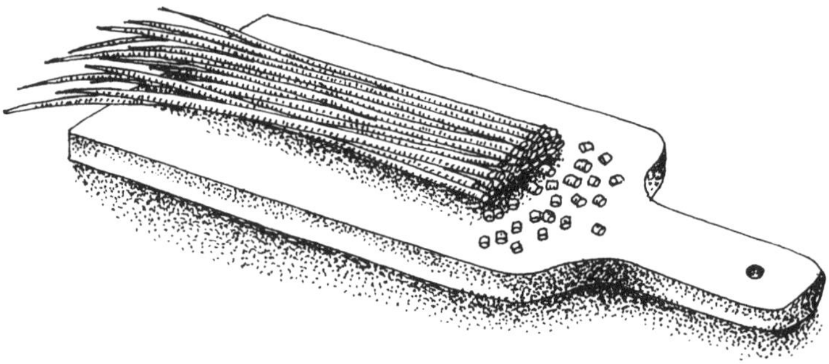

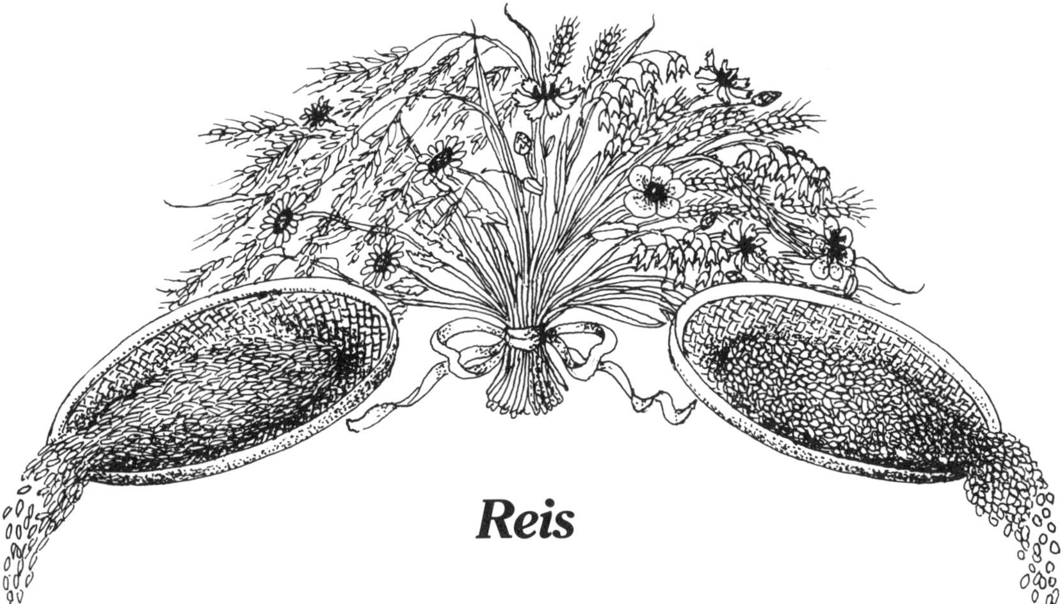

Reis

Reis ist heute bei jungen Leuten "in"- vielleicht ist es die Verbindung mit östlichen Gerichten. Andere schätzen ihn wegen seiner Bekömmlichkeit. Er belastet nicht und ist auch noch gesund, wenn man die richtige Sorte wählt. Immerhin hat Vollreis Vitamine der wichtigen B-Gruppe und reichlich Kalium.

Die in den Rezepten angegebenen Reissorten sind:

Naturreis, Braunreis auch Cargo-Reis genannt, besitzt noch das Silberhäutchen und hat einen sehr hohen Vitamingehalt. Lange Garzeit.Begrenzt haltbar.

Parboiled Reis ein idealer Reis, bei dem durch ein spezielles Verfahren die Vitamine aus dem Silberhäutchen in das Innere des Korns gepreßt werden. Verkocht nicht. Kurze Kochzeit. Lange haltbar.

Wildreis ist der schwarze Samen einer Grasart. Er entfaltet sein nussiges Aroma erst nach langer Garzeit, wenn der Samen leicht aufgeplatzt ist. Lange haltbar.

Reis gedünstet

Für 2 Personen:

1 Tasse Reis mit Silberhäutchen	waschen und abtrocknen lassen.
1 El Butter und 1 El öl	am besten in einer feuerfesten Glasform erhitzen,
1 kleine Zwiebel	kleingeschnitten hineingeben, glasig dünsten. Den Reis einfüllen, umrühren, bis er von allen Seiten von dem Fett umhüllt ist.
2 Tassen heiße Gemüsebrühe*	gut abschmecken und angießen. Bei gelinder Hitze köcheln lassen. In einem Glastopf können Sie besser beobachten, wann die Flüssigkeit aufgesogen ist. Nach 14 Min. Garprobe machen. Den Reis auflockern und auftürmen, warmstellen und halb zugedeckt, abdampfen lassen.

Gemüse-Reis

Gedünsteten Reis wie oben herstellen, während des Abdampfens das Gemüse bereiten, das auf diese Art schön knackig bleibt.

2 Karotten	schälen und grob raspeln,
1 Zucchini	waschen, ungeschält grob raspeln,
3 El Erbsen	ausgepalt und nach Belieben
1/2 Paprikaschote	ohne Samen klein würfeln.
2 El Butter oder öl	in einer Pfanne erhitzen, das Gemüse einlegen und ganz schnell unter Rühren bißfest garen. Mit
Flüssigwürze	abschmecken, gleich unter den heißen Reis heben. Nach Belieben
4 El Reibekäse	anstreuen oder untermischen.

Reis gekocht

Für 2 Personen:

1 l Gemüsebrühe*	bereits gut gewürzt, mit
1 El Öl und	
1 Zwiebel	geschält, im Ganzen mit
2 Nelken	gespickt, sowie mit
2 Lorbeerblättern und	
1 Tl schwarzen Pfefferkörnern	10 Min. zugedeckt aufkochen lassen. Mit einem Sieblöffel die Gewürze dann herausnehmen.
120 g Reis mit Silberhäutchen	in die Brühe einstreuen und ca.12 Min. kochen, auf ein Fächersieb oder in ein anderes Metallsieb schütten. In den Topf, in dem der Reis gekocht wurde, 2 fingerhoch heißes Wasser geben, das Sieb darüber stellen und nicht ganz zudecken, so kann der Reis schön nachgaren und abtrocknen. Achtung: bei der Verwendung von Naturreis: Garzeit auf 30 Min. verlängern.

Krabben-Reis

Reis wie oben oder Gedünsteten Reis* S. 100 herstellen. Dann

100 g frische Krabben	**oder**
gefriergetrocknete	nach Angabe abbrausen, mit dem Saft von
1/2 kleinen Zitrone	beträufeln.
1 kirschgroßes Stück frischen Ingwers	darüber reiben, mit
1 Msp weißem Pfeffer u.	
1/2 TL Curry	würzen und mit einer Gabel locker unter den Reis heben.
1 El weiche Butter	darüber zerfließen lassen.

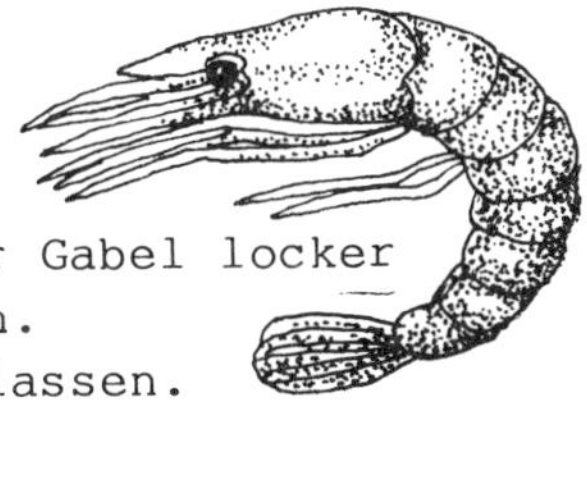

Curry-Reis

Für 2 Personen:

12o g Natur-Reis	erst kalt, dann heiß waschen und in einem Sieb abtrocknen lassen.
1 El Öl + 1 El Butter	in einem Topf erhitzen, den Reis hineingeben und umrühren.
1 gelbe Zwiebel	schälen, im Ganzen mit
2 Nelken und	
1 Stück Zimt	spicken und im Reis vergraben.
3/8 l Gemüsebrühe*	mit
1 Msp Sambal Oelek und	
1 Tl Flüssigwürze	würzen und kochend heiß an den Reis gießen. Den Naturreis bei mittlerer Hitze 30 Min. sanft köcheln lassen. Auflockern und warmgestellt abdampfen lassen. Inzwischen
2 kleine Tomaten	heiß überbrühen, häuten und in Streifen schneiden,
2 kleine Peperoni	von Stiel und Samen befreien, in Ringe schneiden. In einer Pfanne, die den Reis auch mit aufnehmen kann,
1 El Öl	erhitzen,
1 walnußgroßes Stück Ingwerwurzel	feingehackt oder gerieben hineingeben,
1 Apfel	gewaschen und gestiftelt zufügen, die Tomaten und Peperoni zugeben und kurz dünsten.
1 Scheibe Ananas	in Stücke schneiden,
1/2 Banane	in 4 mm Scheibchen schneiden und zu den Tomaten geben.
1 Tl Curry	anstreuen. Zwiebel aus dem Reis nehmen und diesen mit den anderen Zutaten sehr locker vermischen.
30 g Mandelstifte	trocken rösten und über den fertigen Reis geben.

Feiner Pilz-Risotto

Für 2 Personen:

30 g getrocknete Morcheln **oder** ersatzweise Totentrompeten	und
20 g getrocknete Champignons	warm einwweichen,
130 g Avorio oder Vialone Parboiled-Reis	waschen und in einem Sieb abtrocknen lassen. In einer weiten Stielpfanne ca.26 cm
2 El öl	erhitzen,
2 Schalotten	sehr feinwürfelig geschnitten darin anlaufen lassen. Den Reis einrühren bis er von dem öl benetzt ist.
3/4 l Gemüsebrühe*	sehr gut würzen, mit
1/2 Tl Safran	aufkochen und nach und nach an den Reis gießen, gerade soviel, wie er aufnehmen kann. Die Pilze ausdrücken und kurz durchwaschen (bei Morcheln wichtig), zum Reis geben. öfter umrühren,offen 20 Min. köcheln lassen. In einer anderen Pfanne
1 El Butter und 1 Tl öl	stark erhitzen,
*80 g Austernpilze	putzen, Stiele kürzen,längs in breite Streifen schneiden, im Fett ganz schnell rösten, mit
Meersalz und schwarzem Pfeffer	frisch aus der Mühle würzen und mit
Thymianblättchen	bestreuen und in den Risotto einrühren. Nach Belieben
4 El geriebenen Parmesan	mit untermischen.

Risotto muß saftig sein, darum reichlich Angießflüssigkeit warmhalten.

Grüner Wildreis

Dieses Hausrezept ist eine ausgezeichnete Mischung von Wild- und Parboiled-Reis mit Zucchini. Diese Reiszubereitung ist nicht nur eine attraktive Beilage zu Krustentieren sondern ist auch zu Saucen und Pilzgerichten bestens geeignet.

Kaufen Sie Wildreis separat. Bei Mischungen ist die Garzeit der einzelnen Sorten oft nicht gut abgestimmt und der kostbare Wildreis macht als hartes Etwas keine Freude. Richtig gegart, entfaltet er ganz leicht aufgeplatzt erst sein nussiges Aroma.

Für 2 Personen:

1 1/2 l Gemüsebrühe*mit
1 El Öl
2-3 El Wildreis

aufkochen, kräftig abschmecken, einstreuen und 30 Minuten kochen, Garzeit einhalten, dann

*120 g Parboiled-Reis (Langkorn)

zufügen und mit dem Wildreis noch 12 -15 Min. mitkochen. Der Reis muß gar, aber körnig sein. Auf ein Sieb zum Abtropfen gießen. Nicht kalt abschrecken.

In einer feuerfesten Kasserolle, in der Sie dann gleich auftragen können,

1 Schalotte und
2 Zehen Knoblauch
2 El Butter

beides sehr feingehackt, in anlaufen lassen,

*3 kleine Zucchini

waschen, grob raspeln, nur höchstens 2 Min. in der Butter rasch umrühren, den Reis zufügen und sehr locker vermischen. Sehr fein!

Wenn Sie diese Mischung mit Naturreis herstellen wollen, können Sie den gewaschenen Naturreis bereits nach 10 Min. zu dem Wildreis geben, da Naturreis eine längere Garzeit hat.

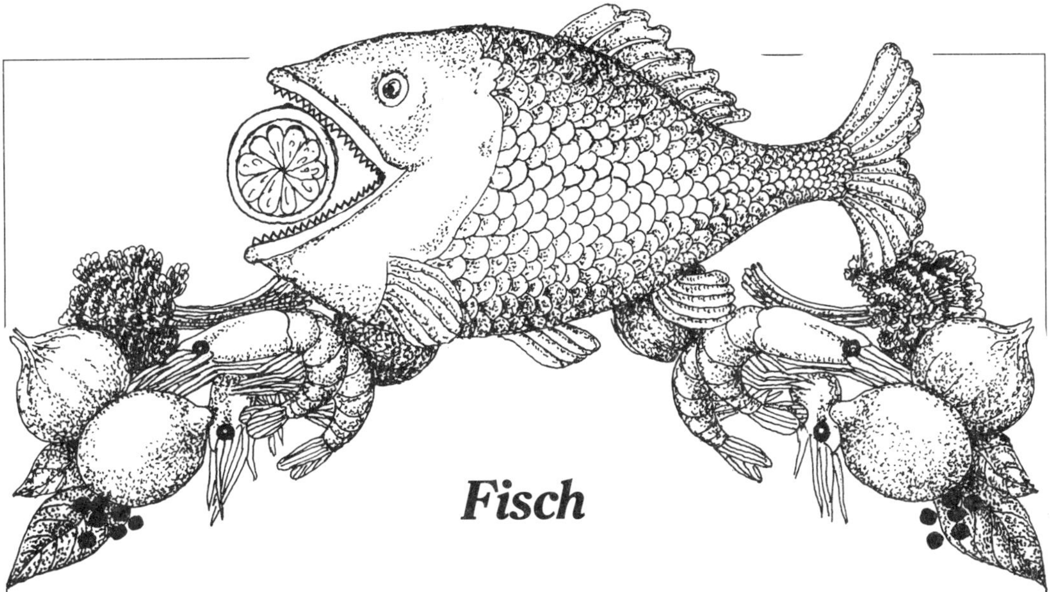

Fisch

Vorweg: Es gibt auch noch glasklare Gewässer!

Einmal wöchentlich sollte Seefisch auf dem Tisch stehen. Wenn Sie ein Fisch-Fan sind, ist diese Empfehlung natürlich überflüssig. Aber gerade in der fleischlosen Küche spielt doch sein hochwertiges Eiweiß und der Jodgehalt eine große Rolle.

Ein Fischessen, vor allem mit gekochtem Fisch, belastet nicht und macht nicht müde.

Große Sorgfalt ist beim Einkauf geboten. Kaufen Sie, wenn er frisch geliefert wird, das können Sie erfragen. Die Frische ist hier das A und O. Ihr Fischhändler wird Ihnen auch den Fisch schuppen. Wenn dies nicht möglich ist, können Sie das auch selbst vornehmen. Es gibt Fischschupper dafür oder nehmen Sie ein starkes, breites Messer und tauchen Sie dieses in heißes Wasser und schuppen Sie mit dem Messerrücken gegen die Schuppen. Gut kalt nachspülen. Fertig.

Die weitere Verarbeitung ist in den Rezepten angegeben.

Garnelen gekocht

Garnelen werden meist tiefgefroren angeboten. Die in den Rezepten empfohlenen Garzeiten sind für aufgetaute oder frische Ware angegeben.

Für 2 Personen:	Zuerst den Sud bereiten.
2 l Wasser mit	
2 El Salz	
1/2 Stange Lauch	in Stücken
1 Stange Staudensellerie	ebenso,
3 Lorbeerblättern	
1 Tl Pfefferkörnern und	
3 Schalotten	geschält in Scheibchen, zusammen 10 Minuten kochen lassen.
6 Riesengarnelen	mit Salz abreiben und mit kaltem Wasser waschen, in den kochenden Sud einlegen und 3-4 Min. je nach Größe köcheln lassen, sie sind dann rot gefärbt. Zu lange Kochzeit würde das feine Fleisch zäh machen. Wenn die Garnelen heiß gegessen werden, heiß entnehmen - sonst im Sud erkalten lassen, damit sie nicht trocken werden und schön saftig bleiben. Dann werden sie auf der Bauchseite am besten mit einer Küchenschere aufgeschnitten, heraus genommen, am Rücken der Darm entfernt (wie ein Faden) und nach Belieben zum Servieren wieder in die Schalen gegeben. Mit
Zitronenscheiben	und Salat auftragen, dazu paßt eine feine
Ajoceite von S.A 24	

Auf die gleiche Art kann **frischer Hummer** bereitet werden. Kopf voraus in das kochende Wasser, dann ganz einlegen und je nach Größe,7-9 Min.leise köcheln lassen. Als Beilage Tomatensahne* oder Ajoceite* und Zitronenspalten.

Garnelen – Extra-Fein

Zuerst die Beilagen vorbereiten, entweder Grünen Wildreis* Risotto* oder Salatplatte etc. denn die Garnelen oder Scampi sind ganz schnell fertig.

Für 2 Personen:

6 große Garnelen oder Scampi mit
Meersalz

abreiben, unter fließendem kaltem Wasser abwaschen und mit Küchenkrepp trockentupfen. Mit einer Küchenschere zuerst die Bauchseite aufschneiden, dann den Rücken entlang. Dort den dünnen Darm entfernen. Die halbierten Scampi auf den Schnittflächen mit dem Saft v.

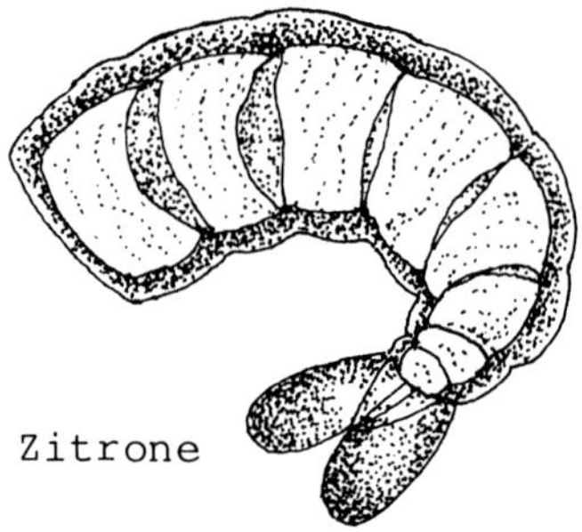

1 kl. Zitrone

beträufeln, damit sich das Fleisch festigt. In einer großen Stielpfanne

1 El Butter + 1 Tl Öl mit
1/2 Tl Meersalz

erhitzen und die Garnelen oder Scampi mit der Schnittfläche nach unten einlegen, bei guter Hitze 2 Min. braten, wenden und auf der Schalenseite auch 2 Min.- 2 1/2 Min. belassen. Wenden und auf die Schnittflächen jeweils 1 Stückchen

Kräuterbutter*

am besten selbstgemachte, darauf verteilen. Warmstellen. Sauce: Fond in der Pfanne mit

1 Tasse Schwarztee
3 El trockenem Jerez

lösen und aufkochen, mit

1 Tl Tomatenmark
1 Msp. Sambal Oelek
1 El Orangenalkohol und mit
1 Tl Flüssigwürze

abschmecken und in einem Kännchen separat zum Reis und den Garnelen oder Scampi servieren.

Fischsuppe

kann man eigentlich gar nicht als Suppe bezeichnen, da sie schon einen kompletten Eintopf darstellt. Die Güte hängt von der Vielfalt der Zutaten ab. Es empfiehlt sich daher, dieses Quantum zu nehmen,zudem man Fischsuppe auch einfrieren kann.

2 dicke Goldbarschfilets 1 Heilbutt-Kotelett, 3 cm dick 1 Lachs-Kotelett, 3 cm dick 500 g Kabeljau (Mittelstück)	vorbereiten und zubereiten wie bei Seefisch blau*, nächste Seite. Die fertigen Fische aus dem Sud nehmen, Haut entfernen und in mundgerechte Stücke teilen. In einem Topf
2 El Öl	erhitzen,
1 weiße Zwiebel	feingehackt darin anlaufen lassen, den Inhalt einer Dose von
450 g geschälten Tomaten **oder** 500 g Tomaten	gebrüht, gehäutet u. halbiert zufügen und einkochen lassen.
1 kleine Fenchelknolle 1 Stück Sellerie und 2 Karotten	gestiftelt zu den Tomaten geben.Wenn das Gemüse bißfest ist,
3/8 l Fischsud	aufgießen. Würzen mit
1 Tl Fenchelsamen	gehackt,
1 Msp Safranpulver 1/2 Tl Dajong 1 Tl Flüssigwürze	und den Saft von
1 Orange u. wenig Schale	davon gerieben,
1 Tl Orangenalkohol* oder trockenen Jerez.	
je 1 Riesengarnele pro Pers.	Die vorbereiteten Fische und in die heiße Suppe legen und
1 Tl Rosa Pfefferkörner	darüberstreuen.

Dazu gibt es getoastete Fünfkornbrötchen, nach Belieben mit Knoblauch-oder Kräuterbutter bestrichen.

Seefische im Blausud

sind nicht nur auf diese Art am natürlichsten im Geschmack und am bekömmlichsten, sondern auch am einfachsten in der Zubereitung. Die wichtigste Voraussetzung ist ein wirklich frischer Fisch und nicht minder wichtig ist ein sehr schmackhafter Sud. Für diese Art der Zubereitung eignen sich am besten: Kabeljau, Schellfisch, Seelachsforelle und Heilbutt etc. Nehmen Sie ein dickes Mittelstück und das nicht zu knapp bemessen, denn aus dem blau gekochten Fisch können Sie einen sehr guten Fischsalat bereiten. Auch schmeckt kalter Fisch mit einer spanischen Ajoceite ausgezeichnet.

Zubereitung

Den Fisch nach dem Einkauf sofort aus dem Papier nehmen, mit Salz abreiben und mit kaltem Wasser waschen. Dabei die dunklen Hautteile innen sorgfältig entfernen. Das Schuppen hat sicher Ihr Händler schon vorgenommen. Den sauberen Fisch mit Zitronensaft beträufeln und kühlstellen. Erst vor dem Kochen mit **Salz** einreiben. Ein Seefisch braucht Salz, dies festigt das Fleisch.

Den Fisch nun in den kochenden **Blausud* Rezept nebenan** einlegen und den Topf von der Herdplatte beiseite ziehen. Den Fisch im Sud belassen, bis das Fleisch ganz weiß ist, auch innen! Wenn die Blätter beim Essen auseinanderfallen, ist dies ein Hochgenuß. Dazu einfache Butter oder hausgemachte Kräuterbutter zerlassen oder Sahnemeerrettich. Beilage Kartoffeln, Spinat oder ein anderes Gemüse.

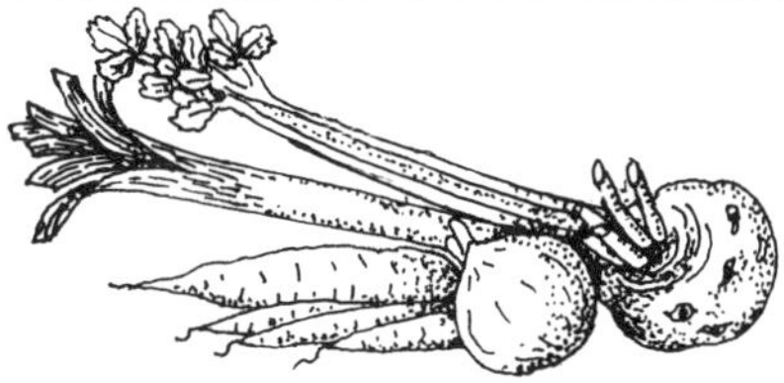

Blausud

In einen großen, weiten Topf oder speziellen Fischkochtopf geben Sie:

2 große weiße Zwiebeln	in Ringe geschnitten,
3 gelbe Rüben, Möhren	
1 große Petersilienwurzel	sowie
1/4 Knollensellerie	geputzt gestiftelt, **oder**
2 Stengel Staudensellerie	in Querstreifen geschnitten und
1 Lauchstange	in Ringen, gründlich gewaschen.
1 l Wasser	angießen. Wenn Sie kein fertiges
Fischgewürz	möchten, fügen Sie hinzu:

1 El Meersalz	1 Tl Senfkörner	3 Salbeiblätter
4 Zitronenscheiben	4 Lorbeerblätter	3 Nelken
1 Tl Pfefferkörner	1/2 Tl Koriander	1/2 Tl Dill
6 Wacholderbeeren	und einige Rosmarin-Nadeln.	

Dies alles zusammen mindestens 15 Minuten köcheln lassen.

Dann erst 3/8 l Weißweinessig und 1/8 l Weißwein angießen.
Abschmecken und aufkochen.
Fisch einlegen.

Süßwasserfische blau

Für diese Zubereitung eignen sich am besten: Forelle, Schleie, Lachsforelle, Hecht, Waller und Zander.
Im Gegensatz zu den Seefischen müssen vor allem Forelle und Schleie sehr vorsichtig gewaschen werden, damit der Schleim nicht verletzt wird. Sie werden dann mit hellem Essig übergossen, was die Blaufärbung bewirkt. Vor dem Einlegen in den Sud innen gut mit Salz einreiben und nach Belieben Fischgewürz einstreuen. Kleine Fischsorten in den kochenden Sud einlegen, sofort von der Kochstelle ziehen und ziehen lassen, bis die Augen als weiße Perlen hervortreten. Größere Fische müssen erst noch ein bißchen im Sud mitköcheln bis man sie beiseite stellen kann. Als Beilage: Petersilienkartöffelchen, zerlassene Butter oder Sahnemeerrettich.

Fischfilet im Bierteig

Zuerst den Bierteig* bereiten, denn er sollte 1/2 Stunde ruhen. Petersilie gut waschen, auf Küchenkrepp zum Trocknen legen.

Für 2 Personen:

500 g Goldbarsch-oder andere Filets	mit Salz abreiben, mit kaltem Wasser abwaschen, eventuell die dunklen Hautreste entfernen, mit Küchenkrepp trockentupfen. Dann mit dem Saft von
1 Zitrone	beträufeln. In einem Glas- oder Porzellangefäß zugedeckt kaltstellen. Vor dem Ausbacken den Bierteig jetzt fertigmachen, nämlich das Eiweiß noch unterziehen. Die Filets trokkentupfen, mit
Meersalz und weißem Pfeffer	würzen, leicht mehlieren und durch den Teig ziehen. In einer nicht zu flachen Pfanne 2 cm hoch
Öl und Butter	gemischt erhitzen und die Filets einlegen. Wenn die Unterseite schön goldfarben ist, den Fisch wenden und auf der anderen Seite genauso braten. Die Filets auf Küchenkrepp abtropfen lassen. Inzwischen die Petersilie in das Bratenfett geben und rösch ausbacken. Die Filets auf vorgewärmtem Geschirr mit
Zitronenspalten Kirschtomaten	und der Petersilie hübsch angerichtet auftragen. Zu Fischfilet paßt entweder Kartoffelsalat oder Gemüse und eine Ajoceite* oder leichte Mayonnaise*.

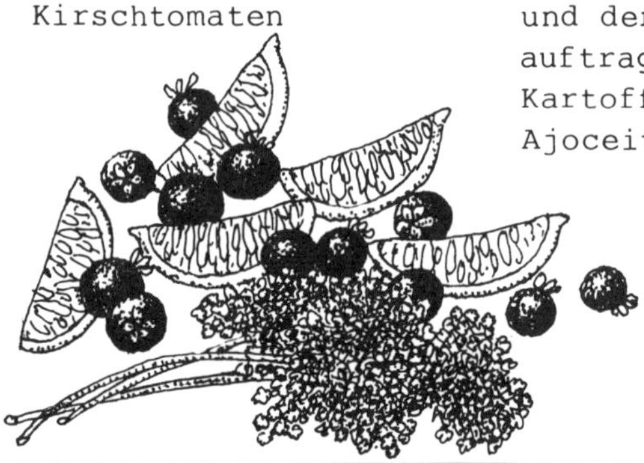

Fischküchle

Für 2 Personen:

400 g Fischfilet	mit Salz abreiben und waschen mit dem Saft
1/2 Zitrone	beträufeln.
1 altes Vollkornbrötchen	in
1 Tasse heißer Milch	einweichen. Den Fisch von den großen Gräten befreien, mit dem ausgedrückten Brötchen und
1 Ei	mit dem Mixstab nicht zu fein vermengen.
1 kleine Zwiebel und 1 Sträußchen Dill Petersilie und die Schale von 1/2 Zitrone	sehr fein hacken und zufügen. Mit
1/4 TL Majoran Salz und Pfeffer	würzen und gut vermischen. Mit kalt abgespülten Eßlöffeln ca. eigroße Küchlein formen, ein bißchen plattdrücken. Leicht mit
Mehl	bestäuben und kaltstellen.
	Inzwischen Beilage herrichten. Kartoffelsalat*, Kartoffelbrei* oder Blattspinat* oder ein anderes Gemüse.
1 El Butter und 1 El Öl	in einer Stielpfanne erhitzen, die Küchlein einlegen, anbräunen, nach 3 Minuten wenden und von der anderen Seite auch schön knusprig braten.
1 Zitrone	in Spalten schneiden und um die Fischküchle legen. Auch kalt gut!

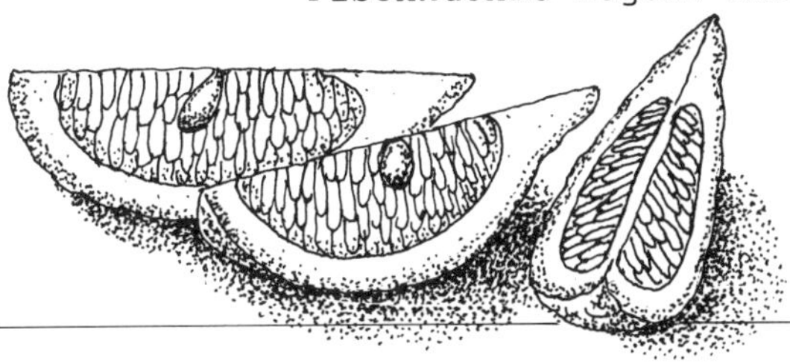

Eierkochen

Für manche Eva oder für Adam scheint Eierkochen mehr oder weniger Glücksache zu sein. Vielleicht nützen diese kleinen Tips.

1. Eier aus dem Kühlschrank sollten vor dem Kochen kurz in warmes Wasser gelegt werden.

2. Eier dürfen keinen Sprung haben. Abklopfen mit einem anderem Ei. Ein dunkler Ton zeigt an o.k.- ein heller Ton: Ei hat Sprung! Wenn dies der Fall, Ei in Alufolie wickeln.

3. Genügend kochendes Wasser aufstellen, Eier müssen bedeckt sein. Wasser muß während der Garzeit ständig weiterkochen.

4. Nach dem Einlegen (mit einem Löffel) eine Eieruhr umdrehen, Kurzzeitwecker einstellen oder auf eine andere Uhr schauen.

5. Eier offen kochen lassen und Garzeit einhalten.

Garzeiten

Für **weiche** Eier	der H-Klasse 1	mehr als 70 g	4-5 Min.
	der H-Klasse 2	weniger als 65 g	3-4 Min.
Für **wachsweich**	der H-Klasse 1	mehr als 70 g	7-8 Min.
	der H-Klasse 2	weniger als 65 g	7 Min.
Für **harte** Eier	der H-Klasse 1	mehr als 70 g	10 Min.
	der H-Klasse 2	weniger als 65 g	8 Min.

Für weiße dünnschalige Eier können Sie die erstangegebene Zeit nehmen, für dickschalige, braune Eier die zweite Angabe.

Die Eier, die warm gegessen werden, nur kurz kalt abbrausen. Hartgekochte in kaltes Wasser legen, sie lassen sich dann viel besser schälen.

Eierspeisen

Eier sind, wenn auch nicht oft verwendet, bei einer fleischlosen Ernährung unentbehrlich. Es sollte nicht das tägliche Frühstücksei sein, von dem heute jeder weiß, daß dies nicht gesund ist. Aber mit einem oder zwei Eiern kann man in Verbindung mit Gemüse schon etwas Feines herstellen und das dann eben nicht zu oft.

Die übertriebene Angst vor zu hohem Cholesterinspiegel ist nicht angebracht, wenn Sie sonst vernünftig mit Fetten umgehen, Öle mit ungesättigten Fettsäuren verwenden, die den Ausgleich schaffen und Sie viel Obst, Gemüse und Salate essen, denn Pflanzen enthalten kein Cholesterin.

Im Ei stecken jedenfalls auch gute Dinge wie Kalzium, Calium Eisen und Phosphor sowie das Vitamin A.

Wenn Sie Eier kaufen, verlangen Sie Eier von wirklich freilaufenden Hühnern. Legebatterien könnten sich nicht halten, wenn der Verbraucher diese Eier nicht abnehmen würde. Wichtig ist auch die Frische des Eies. Prüfen: Im Wasser steht das alte Ei aufrecht, das frische liegt flach.

Kräuterflädle

eignen sich besonders gut als Suppeneinlage oder zum Einschlagen von Spargel, Pilzen oder anderem Gemüse.

Für 1 Person:

2 El Kräuter wie Petersilie, Basilikum, Liebstöckel und Zitronenmelisse — gewaschene, abgezupfte Blätter, trockengetupft u. fein gehackt, vorbereiten. Mit Mehl leicht besieben.

2 Eier, 1 Msp Salz und 1 El Mineralwasser — mit der Gabel nur ganz locker verschlagen, die mehlierten Kräuter zugeben. In einer Stielpfanne von 26 cm

1 Tl öl und 1 Tl Butter — erhitzen, Pfanne von der Kochstelle nehmen, Teig eingießen, durch Schwenken der Pfanne verteilen. Goldgelb backen, mit Hilfe eines Deckels wenden und die andere Seite ebenso backen.

Pfannkuchen

können ebenso verwendet werden wie Kräuterflädle. Sie sind ein wenig ausgiebiger. Zum Teig:

125 g Mehl, 1 Msp Salz — in einen Rührbecher sieben, mit

1/2 Tasse Milch u. 1/2 Tasse Wasser — glattrühren,

2 ganze Eier (oder getrennt) — mit dem Schneebesen einrühren. Den Teig 1 Std. ruhen lassen, ausbacken wie oben.

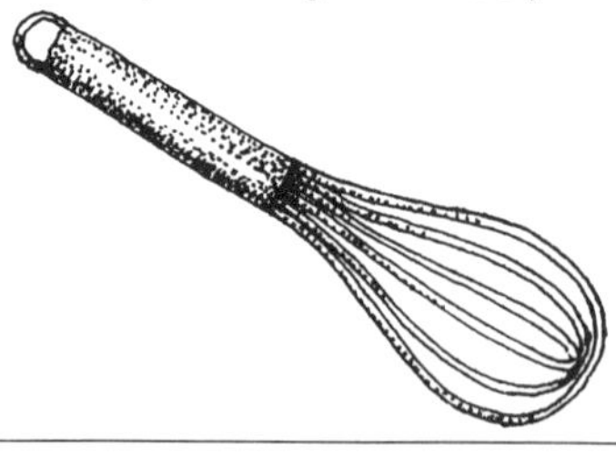

Tortilla mit Artischocken

Pro Person:

2 Eier und
1 El Wasser mit
1 El Basilikum — fein gehackt, mit einer Gabel nur leicht verschlagen. Den Inhalt von

1 Dose Artischockenherzen naturell, ca. 450 g — abtropfen lassen und halbieren. In einer, am besten gut beschichteten Stielpfanne

1-2 El öl — erhitzen, Pfanne von der Kochstelle nehmen, die Eimasse einfüllen, durch Kreisen der Pfanne gleichmäßig verteilen, wieder auf die Kochplatte zurückstellen, die Hälfte der Artischockenherzen auf der Tortilla verteilen, kurz zudecken, auf Reglerplatte Einstellung 8 fertigbacken bis die Unterseite schön goldgelb ist. Die Oberseite darf noch etwas feucht sein. Die 2.Tortilla ebenso ausbacken. Schlagen Sie bitte die Eier immer für jede Tortilla extra auf, denn eine größere Eimasse läßt sich nie so gut portionieren. Dies ist ein sehr feines und schnelles Essen. Als Beilage eignet sich Blattspinat oder ein wenig Tomatensugo, wenn gerade vielleicht von gestern da ist. Das schmeckt Adam bestimmt!

Eine Abwechslung bieten Tomaten,die man in Scheiben geschnitten auf dieselbe Eimasse legen kann. Zum Schluß kommt geriebener Käse darüber, die Pfanne wird zugedeckt damit der Käse schön verlaufen kann.

Gefüllte Eier im Kressenest

Für 2 Personen:

3 große Eier	10 Min. kochen, kalt abbrausen, schälen, halbieren, Eidotter mit einem Teelöffel herausnehmen und in einen kleinen Becher geben. Mit
1 El milden Senf 1 Tl Meerrettich und 1 Tl Weinessig, 1 El öl	mit dem Rührgerät gut vermischen.
1 El Kapern	leicht durchgehackt,
1 El Kräuter wie Petersilie,Zitronenmelisse und Dill	unter die Eimasse mischen und in die Eihälften einfüllen,
je 3 Kapern	auf jede Eihälfte legen und ein Dillfähnchen einstecken.
Ca.100 g frische Kresse	waschen, gut ausgeschüttelt auf zwei Teller plazieren, mit
1 Schalotte	sehr feingehackt, bestreuen, mit
1 El öl	beträufeln. Je 3 Eihälften auf ein Kressenestchen legen.

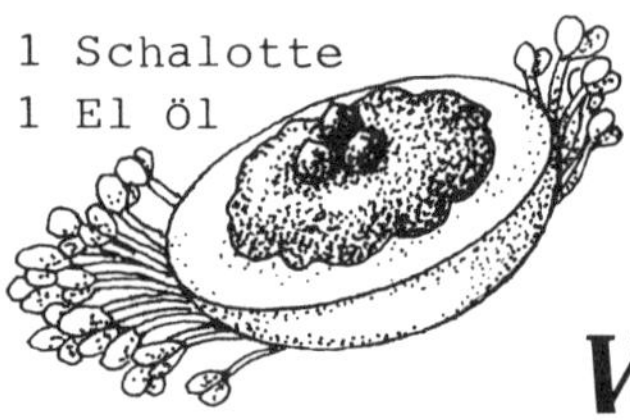

Verlorene Eier

passen gut zu einem Pilzgericht, zu Kartoffelspeisen oder zu Reis in irgendeiner Form

Für 1 Person:

3/4 l Wasser,1 Tl Salz 1 El Weißweinessig und 1 kl. Rosmarinzweiglein	zum Kochen bringen. Einen Schöpflöffel mit öl auskleiden,
1 ganzes Ei	einschlagen,Schöpfer in das kochende Wasser hängen, das Ei 3-4 Min. köcheln lassen. Mit Sieblöffel auf Gemüse oder Reis plazieren. Nach Belieben Reibekäse aufstreuen.

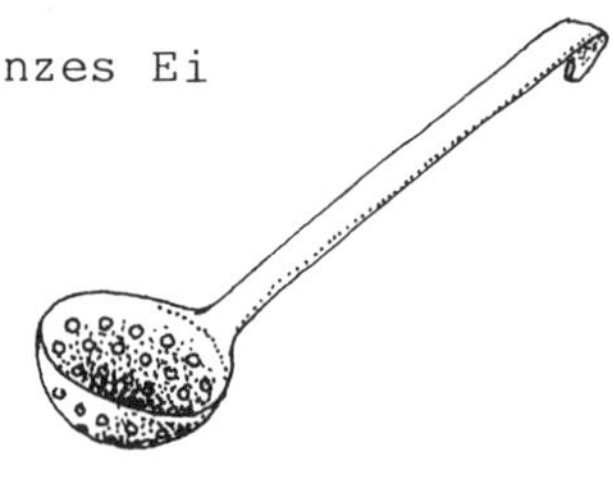

Super-Omelette

Als Hauptgericht für 1 Person:
Als Vorspeise für 2 Personen:

100 g Champignons oder Egerlinge

putzen, Stiele etwas kürzen, ggf. die Pilze mit feuchtem Küchenkrepp säubern.
Bitte nicht waschen, sie werden sonst zu feucht. Dann in ca. 3 mm Scheibchen schneiden.

1-2 El Butter

In einer Stielpfanne von 24 cm aufschäumen lassen. Wenn sie anfängt etwas braun zu werden, die Pilze hineingeben und bei guter Hitze rasch rösten.

*1 Schalotte

sehr fein gehackt, darübergegeben und kurz mitgaren. Mit

etwas Meersalz und schwarzem Pfeffer

aus der Mühle würzen und

1 El gehackte Petersilie

darüberstreuen.

2 Eidotter

nur leicht verrühren,

3 Eiweiß mit 1 Msp Salz

steif schlagen und unterheben.
Die Eimasse auf die Pilze verteilen und die Pfanne kurz zudecken, bis die Eier zu stocken beginnen. Den Deckel abnehmen,

4-5 El jungen Gouda

grob gerieben, auf die noch etwas feuchte Oberfläche verteilen, zudecken, bis der Käse schön geschmolzen ist.
Keinen kalten Deckel verwenden sonst dauert es länger und die Eimasse würde zu hart werden.

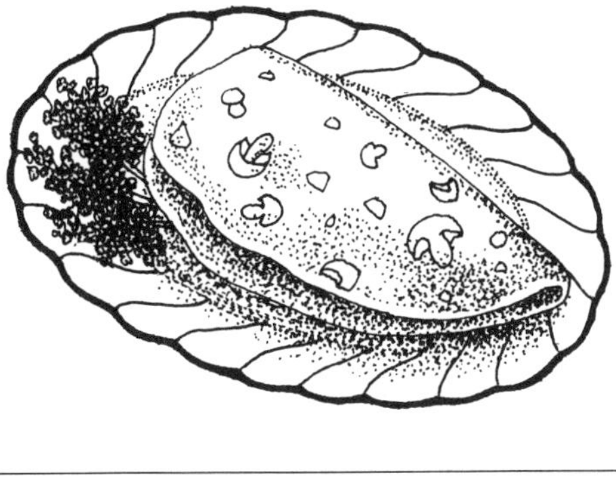

Auf einem vorgewärmten Teller, zusammengeschlagen gleich verzehren.

Kräuterspätzle

Für 2 Personen:

80 g Mehl Typ 1050	in einen Rührbecher sieben,
1-2 El Wasser 1 ganzes Ei, 1/4 TL Salz	zufügen,
1 Handvoll frischer Kräuter wie Petersilie, Zitronenmelisse, Liebstöckel etc.	von den groben Stielen befreit aber noch nicht gehackt, gleich mit den anderen Zutaten im Becher mit dem Mixstab vermischen. Der Teig muß ziemlich zäh sein und Blasen werfen. 1/2 Std.ruhen lassen. Inzwischen
Salzwasser mit 1 El Öl	zum Kochen aufsetzen. Den Teig nocheinmal kräftig durchschlagen, dann auf ein nasses Brettchen etwa 1/2 cm dick aufstreichen und mit einem Messer kleine Streifen abschneiden oder den Teig durch ein Spatzensieb streichen und im kochenden Salzwasser aufwallen lassen, bis sie an der Oberfläche schwimmen. Vor der Weiterverwendung gut abtropfen lassen.

Aus diesem Teig können Sie auch **Käsespätzle** machen. Doppeltes Quantum nehmen und 4-5 El Reibekäse und ein Stückchen Butter darunter mischen.

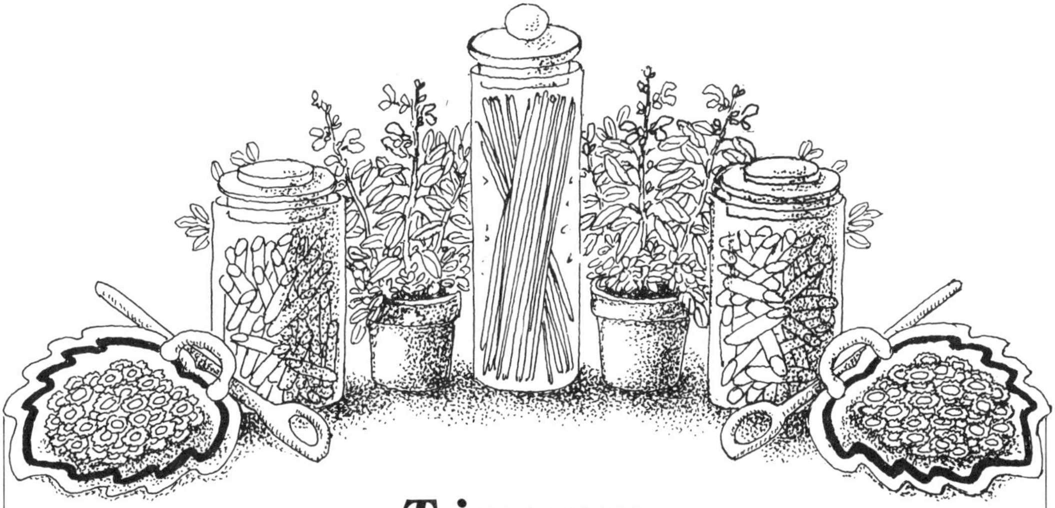

Teigwaren

Die Lieblingsspeise von Millionen, geliebt und verdammt, zu Dickmachern gestempelt und wieder im Trend da es ja Vollwert-Nudeln-Spaghetti-Hörnchen-Muscheln etc. gibt. Bei einer guten Qualität von Fertigware kein Problem. Sie schmecken herzhaft und wen die Farbe stört, mit Tomaten, Spinat und Basilikum können Sie einen bezaubernden Teller zusammenstellen.
Eine andere Möglichkeit bieten noch Dinkel-oder Sojaprodukte die eine helle Farbe haben.

Für manche erhebt sich die Frage- kaufen- oder selber machen? Es stellt sich hier natürlich auch die Frage, wieviel Zeit Sie erübrigen können. Das Rezept für Hausgemachte Nudeln* finden Sie auf der nächsten Seite. Sie können diesen Nudelteig auch noch ein bißchen verändern, geben Sie etwas rohen Spinat ohne Saft für grüne, oder Tomatenmark, für rote Nudeln darunter. Diese "Naturfarben" müssen sehr gut untergearbeitet werden.

Zum Kochen der Teigwaren benötigen Sie einen möglichst großen Topf, denn Nudeln schwimmen gerne. Geben Sie Meersalz hinein und je nach Topfgröße 1-2 El öl, dann kleben die Nudeln nicht zusammen und brauchen weder abgebraust noch wieder aufgewärmt zu werden. Außerdem bleibt der Topf sauber.

Hausgemachte Nudeln

Für 2 Personen:

250 g Mehl Typ 1050 — auf ein großes Backbrett sieben, eine Grube in die Mitte drücken, und

2 ganze Eier, 1/2 Tl Salz
3 El lauwarmes Wasser — hineingeben. Mit einer Gabel immer mehr von dem Mehl mit einrühren. Mit einem Messer vom Rand Mehl zuschieben, dann mit den Händen eine Kugel formen und diese gut durchkneten. Beim Durchschneiden sollen Wellen zu sehen sein.

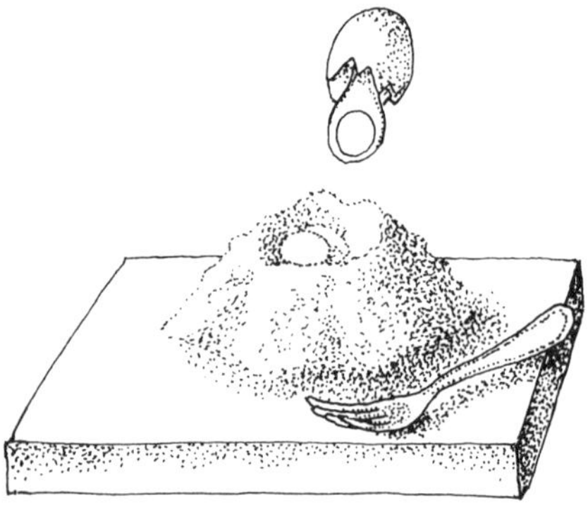

3 Laibchen formen, mit einer heiß ausgespülten Schüssel zudecken und 1 Std. ruhen lassen. Auf bemehltem Backbrett den Teig zu 2-3 mm dünnen Fladen ausrollen, diese dann auf einem bemehlten Tuch antrocknen lassen.

Die Fladen halbieren, aufeinanderlegen, zusammenrollen und in beliebige Stärke schneiden, die Suppennudeln 3 mm schmal oder Bandnudeln. Denselben Teig kön-Sie auch für gefüllte Teigtaschen verwenden.

Nudeln auf Vorrat wegen besserer Haltbarkeit ohne Salz bereiten. Hausgemachte Nudeln haben eine kürzere Garzeit 5-8 Min. Bitte Garprobe machen.

Tagliatelle mit Langostinos

Für 2 Personen:	Als erstes wird die Garnierung vorbereitet, denn ein edles Gericht soll einen schönen Rahmen haben. Dazu
6 Feldsalatröschen	waschen und das Wasser abschütteln.
6 Kirschtomaten	waschen, mit Küchenkrepp abreiben. Jetzt die Sauce bereiten, dann kann sie köcheln während die Nudeln garen.

Tomatensahne:

3 reife Tomaten	brühen, Haut abziehen, Stielansatz entfernen, in Würfel schneiden. In einer Stielpfanne
1 El Öl	erhitzen,
2 Knoblauchzehen	kurz darin rösten, dann entfernen. Die Tomatenwürfel zufügen und bei gelinder Hitze offen ca. 10 Min. einkochen lassen, öfter umrühren.
1/2 Tl Fenchelsamen	mit breitem Messer zerdrücken, zufügen.
200 ml süße Sahne	angießen, zudecken. Mit
1 Msp Meersalz 1 Msp weißen Pfeffer 2 Spritzern Tabascosauce und 1 El Orangenalkohol* oder 1 El Cognac	fein abschmecken.
*150-200 g Langostinos	gekocht und geschält zum Erwärmen in die Sauce geben.
160 g Tagliatelle	in reichlich Salzwasser mit
1 El Öl	al dente kochen. In einem Sieb schütteln damit das Wasser gut abläuft. Auf **vorgewärmten** Tellern aus den Nudeln Nestchen anrichten, mit der Langostinos-Tomatensahne füllen. Feldsalatröschen auflegen und in die Mitte davon je eine Kirschtomate plazieren. Wer die Sauce magerer will, - saure anstelle von süßer Sahne verwenden.

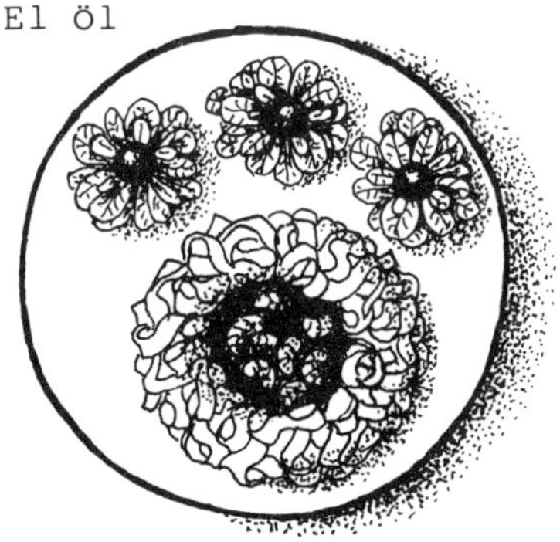

Pasta Nico

Bei diesem Rezept können Sie jede Art von Nudeln verwenden. Beachten Sie bitte die unterschiedlichen Garzeiten. Frische, selbstgemachte Teigwaren haben eine kürzere Garzeit!- Die Sauce ist eine "Falsche Bolognese" also vegetarisch, bei der Sie aber das Fleisch nicht missen werden. Die Nudeln, Sauce und Käse können Sie separat servieren oder wie im folgenden Rezept anbieten.

Für 2 Personen:

Ca. 180 g Teigwaren 1 El öl	in reichlich Salzwasser mit 6-12 Minuten je nach Teigstärke, kochen. Sehr gut abtropfen lassen. Nicht kalt abbrausen. Inzwischen die "Falsche Bolognese" bereiten. Am besten nehmen Sie eine Stielpfanne, die hernach die Nudeln mit aufnehmen kann. Wenn die Sauce fertig ist, die Nudeln in die Sauce geben und darin sehr gut erhitzen.
6 El nicht zu trockenen Reibekäse	anstreuen, die Pfanne mit dem Deckel verschließen bis der Käse geschmolzen ist. Teller schön vorwärmen.

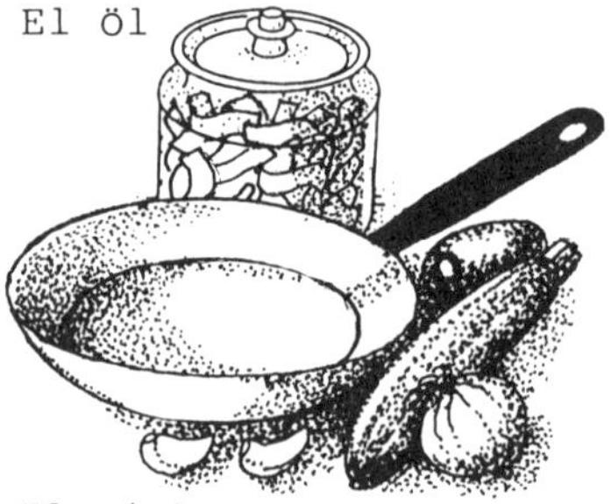

Falsche Bolognese

1 mittlere Zwiebel und 2 Knoblauchzehen	geschält und feingehackt in
2 El öl	anlaufen lassen.Ganzen Inhalt von
1 Dose geschälter Tomaten (450 g)	zufügen, etwas zerkleinern und offen 10 Min. einkochen lassen.
*2 kleine Zucchini	geraspelt zufügen,2 Min. mitköcheln.
1/2 Tl Oregano Salz und Pfeffer	unterrühren und reichlich
Basilikum und Petersilie	feingehackt, anstreuen. Salat voraus reichen.

SALAT

Gemüsenudeln

Für 2 Personen:

180 g Bandnudeln	selbstgemachte oder Dinkelnudeln, in
Salzwasser mit	
1 El öl	bißfest kochen.
	Inzwischen
2 gelbe Rüben	schaben, stifteln,
10 cm Lauchstange	der Länge nach halbieren, waschen und in Streifen schneiden,
1/2 Fenchelknolle	ebenfalls in Streifen schneiden.
1 Zwiebel	kleinwürfelig schneiden, nach Belieben
2 Zehen Knoblauch	klein hacken, mit
1 Stück Ingwer	ebenso vorbereitet in großer Pfanne in
2 El Erdnußöl	anbraten. Das Gemüse hineingeben, bei guter Hitze pfannenrühren bis das Gemüse gar ist, dann die Nudeln untermischen und erhitzen. Mit
1 Tl rosa Pfefferperlen	
schwarzem Pfeffer und	
1 El Basilikum	sehr feingehackt, würzen.
2 El Butter	in einem Pfännchen etwas anbräunen,
1 Handvoll junger Salbeiblätter	darin knusprig braten und gleich mit der Butter über die heißen Nudeln geben.

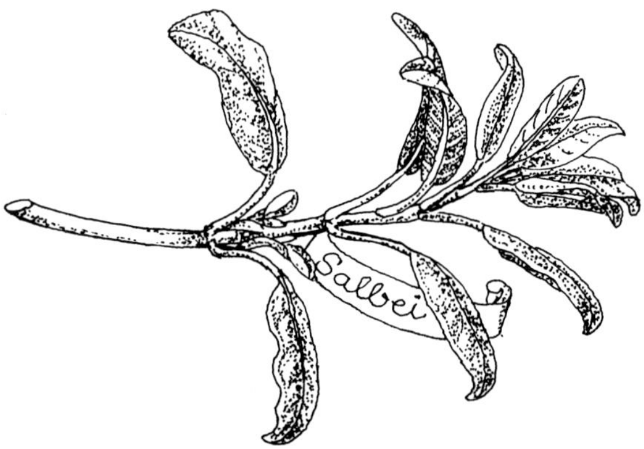

Spinat-Gnocchi

Für 2 Personen:

800 g Spinat — kaufen, 500 g müssen jedenfalls übrig bleiben. Spinat gründlich in Salzwasser waschen,Stiele entfernen, und in wenig kochendem Salzwasser zusammenfallen lassen. Auf ein Sieb schütten, mit eiskaltem Wasser kurz abschrecken, dann portionsweise ganz fest mit der Hand auspressen. Mit einem breiten Messer feinhacken. Eventuell Saft abgießen.

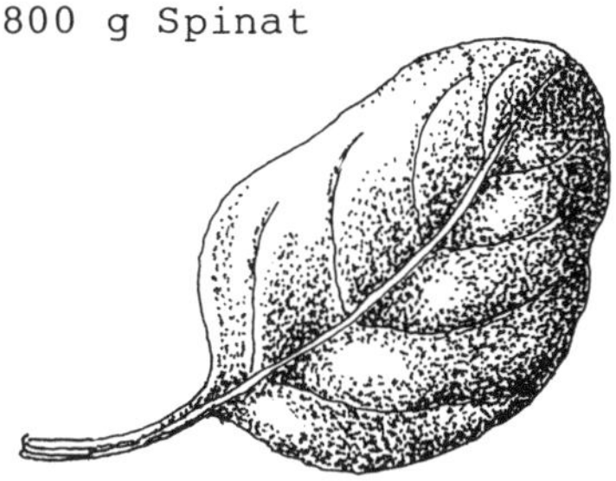

200 g Ricotta oder Topfen — der sehr trocken sein muß, ggf. in einem Tuch gut auspressen und mit dem ausgedrückten Spinat in eine Schüssel geben.

1 ganzes Ei
1 El weiche Butter
50 g Mehl
4 El geriebenen Parmesan — zufügen. Mit
1/4 Tl schwarzem Pfeffer — frisch aus der Mühle und
1/4 Tl Muskatnuß — frisch gerieben, würzen. Alles mit einem Lochkochlöffel gut vermischen. Mindestens 1 Std. im Kühlschrank belassen. Inzwischen reichlich Salzwasser zum Kochen aufstellen.

1 El Öl — in das Kochwasser geben, mit 2 Teelöffeln 1 Probegnocchi formen und garziehen lassen.Wenn die Konsistenz stimmt, den Teig ausformen.

Sollte der Teig zu weich sein, noch ein wenig Mehl einarbeiten. 5-8 Min. leise köcheln lassen, die Gnocchi dürfen keineswegs kochen! Wenn sie auf Druck mit dem Kochlöffel kaum nachgeben, sind sie fertig. Inzwischen eine feuerfeste Form warmstellen. Die fertigen Gnocchi gut abgetropft hineingeben, mit
50 g geriebenen Parmesan — bestreuen und
5 El Butter — leicht gebräunt, darüberträufeln.

Mit einem schönen Mischsalat voraus sehr köstlich.

Amerikanischer Krautstrudel

Für 2 Personen:	Strudelteig von Seite E 133 bereiten. Während der Teig ruht, die Füllung vorbereiten, dazu:
1/2 grünen Weißkrautkopf	vom Strunk und den dicken Rippen befreien, in Salzwasser waschen und in 1/2 cm dünne Streifen schneiden.
1 kleine Zwiebel	kleinwürfelig in
1 El Butter oder öl	glasig anlaufen lassen, das Kraut zufügen und umrühren,
1 großen, festen Apfel	gewaschen, ungeschält stifteln, zugeben, wenn das Kraut schon zusammengefallen ist. Nur kurz mitdünsten. Das Kraut höchstens 5-7 Min. in der Pfanne belassen. Das Kraut, und Apfel in eine Schüssel geben.
30 g Sonnenblumenkerne 1 Tl frische Thymianblättchen	anstreuen. Herd auf 200°vorheizen.
1/2 TL Kräutersalz 1/4 Tl weißen Pfeffer 1 Tl franz.Senf	in
100 g Sauerrahm	rühren und mit dem Kraut vermischen. Den Strudelteig auf einem bemehlten Tuch ausrollen, dann über beiden Handrücken ausziehen, mit
2 El Sonnenblumenöl	bepinseln und mit
2 El Vollkornbröseln	bestreuen. Das Weißkraut so aufbringen, daß ein 4 cm breiter Teigrand freibleibt,die Teigränder nach innen schlagen, den Strudel der Länge nach durch Anheben des Tuches aufrollen. Teigende mit Wasser bestreichen und andrücken. Auf ein mit Backtrennpapier belegtes Blech setzen, mit
Milch	bepinseln und mit
2 El Sonnenblumenkernen	bestreuen, diese fest in den Teig drücken. Auf der mittleren Einschubleiste 40 Min. backen.

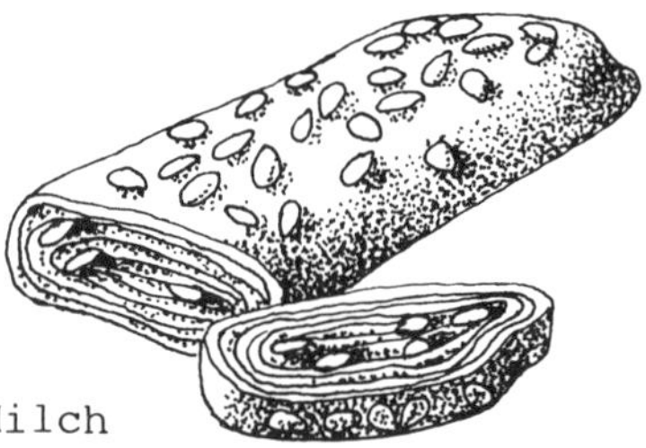

Dinkel Rivanzerl

Dies ist an sich ein Waldler-Rezept von der Böhmischen Grenze. Es ist aus einfachen Zutaten, schmeckt aber zu Suppen, anstelle Brötchen, zu Salaten und zu Pilzgerichten. Wenn man die Kräuter wegläßt, kann man auch Obst oder Nüsse untermischen. Ihrer Phantasie sind also keine Grenzen gesetzt. Vielleicht hat Adam auch eine gute Idee!

Für 2 Personen:

100 g Dinkelmehl	fein gemahlen, 2 x durchgesiebt, in einen Becher mit Ausgußschnabel geben.
10 g frische Hefe	hineinbröckeln.
1 ganzes Ei	
2 El Zitronenmelisse	mit
Schnittsellerie	gemischt und feingehackt,
150 g Milch und	
1/4 Tl Salz	zugeben und gleich mit einem Kochlöffel kurz durchschlagen bis alles vermischt ist. Also keinen Vorteig machen! Die anderen Beilagen richten. Nach 1/2 Std. kann man ausbacken. In einer Stielpfanne von ca. 30 cm, fingerbreit
Distelbratöl oder Butterfett	erhitzen. Teig in der Größe von kleinen Kartoffelpuffern eingießen. Beidseitig je 2-3 Min.schön knusprig ausbacken.

Frühlingspastete

300 g Quarkblätterteig* falls eingefroren, rechtzeitig auftauen. Inzwischen

50 g Glasnudeln warm einweichen.

1/2 Kopf Weißkraut, jung und grün ca.350 g in Salzwasser waschen, Strunk entfernen u.am besten mit einem Brotmesser sehr fein schneiden.

1 Tasse Sojasprossen waschen und abtropfen lassen.

80 g Egerlinge putzen und in Scheibchen teilen.

2 junge Karotten bürsten, waschen, grob raspeln.

1 Frühlingszwiebel in 4 cm Stücke teilen. In einer Stielpfanne

2 El Erdnußöl erhitzen,

2 Schalotten darin anlaufen lassen. Obiges Gemüse, Glasnudeln und die Sprossen zufügen. Umrühren und bei guter Hitze höchstens 2 Min. in der Pfanne belassen. Mit

Dajong, Pfeffer, Curry, Sojasauce und Fünfgewürzemischung gut abschmecken und auskühlen lassen. Backröhre auf 220° vorheizen. Den Teig halbieren, dünn ausrollen und in eine kalt ausgespülte, feuerfeste Form geben. Im vorgeheizten Backrohr etwas vorbacken, dann das Gemüse einfüllen,die 2.Teighälfte auflegen die Teigränder mit einer Gabel zusammendrücken. Oberfläche mit

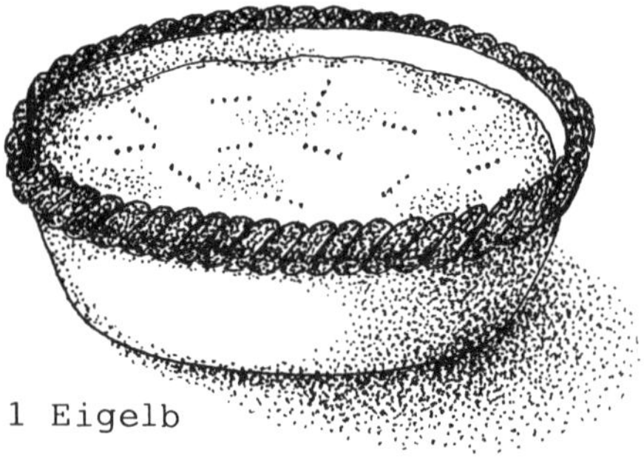

1 Eigelb bestreichen, Löcher einstechen, damit der Dampf entweichen kann. Bei 220° ca. 25-30 Min. backen.

Ein eventueller Rest kann eingefroren werden.

Backen

Hoffentlich erwarten Sie in dieser Rubrik nicht Kuchen, Torten und Gebäck auf Vollwert getrimmt, dies würde den Rahmen dieses Buches sprengen. Hier sind Ihnen Teigsorten angeboten, die Sie für verschiedene Gemüsespeisen verwenden können.

So gibt es einen schnellen Hefeteig für Pizzabeläge, die Sie sich nach Lust und Laune zusammenstellen können.

Einen Pastetenteig, der auch für eine kleine Einladung eine Überraschung bieten kann.

Einen Quarkblätterteig, der auch eingefroren werden kann. So haben Sie immer etwas zu Hause, wenn einmal die Zeit zu einer Vorbereitung fehlt.

Ein Strudelteig, der mit Spinat oder sonstigem Gemüse gefüllt werden kann und einmal für den großen Hunger ist.

Ihrer Phantasie sind keine Grenzen gesetzt, welches Gemüse Sie in welche Hülle stecken.

Quarkblätterteig

ist für Teigtaschen mit Gemüsefüllung, für Pastetchen, Kleingebäck und als Boden für Gemüsetorten geeignet. Sie können ihn eingefrieren, am besten in 4-5 mm dicken Platten, mit dazwischengelegtem Backtrennpapier. So können Sie ihn dann immer leicht entnehmen und brauchen nicht immer neuen Teig herzustellen.

250 g Mehl	auf ein Backbrett oder glatte Unterlage sieben,
250 g Topfen oder Quark	der sehr trocken sein muß. Notfalls in einem Sieb, das mit einem Tuch ausgelegt ist, gut ablaufen lassen, bzw. ausdrücken, dann über das Mehl verbröckeln.
230 g Butter	in Scheibchen darauf verteilen. Mit einem Messer alle Zutaten zusammenhacken, dann mit kalten Händen rasch zusammenkneten. Kaltstellen bis sich der Teig gut ausrollen läßt. Teigplatte ausrollen und wie ein Paket zusammenschlagen, wieder ausrollen und zusammenschlagen. Diesen Vorgang einige Male wiederholen. Den Teig verpackt oder in einer Schüssel für mehrere Stunden in den Kühlschrank stellen, am besten aber über Nacht. Dann auswellen ohne nochmals zu kneten! Den ausgeformten Teig vor dem Backen noch einmal kaltstellen. Auf einem mit Wasser abgespülten Backblech oder in einer ebenso vorbereiteten Form bei der angegebenen Temperatur backen.

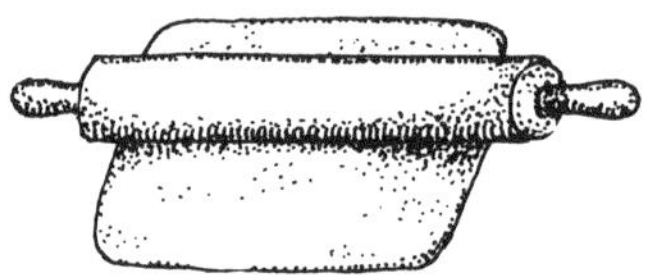

Tip: Wenn die Oberfläche mit Eigelb bestrichen wird, die Seiten nicht mit einstreichen, sonst geht der Teig nicht auf.

Strudelteig

Für 2 Personen 1 Strudel:

125 g Mehl halb Typ 405 halb Typ 1050	auf ein Brett sieben und eine Grube in die Mitte drücken,
1/4 Tl Meersalz	einstreuen,
1 Ei	hineinschlagen,
1 El Samenöl	jedenfalls kein Olivenöl, zugeben, mit einer Gabel verschlagen, langsam
1/2 Tasse lauwarmes Wasser	zufügen und immer mehr Mehl mit einrühren. Dann mit den Händen zu einer Kugel verkneten, bis der Teig schön glatt und seidig aussieht. Mit
öl	einpinseln, mit einer vorgewärmten Schüssel zugedeckt 1/2 Stunde ruhen lassen. Den Teig auf einem bemehlten Tuch sehr dünn ausrollen und wenn nötig, mit den Händen noch ausziehen. Bei Quark oder Gemüsefüllungen muß er allerdings gar nicht so dünn sein. Mit
zerlassener Butter	einpinseln, die Füllung daraufgeben und mit Hilfe des Tuches zusammen rollen, ziemlich locker, damit die Füllung aufgehen kann. Das Backrohr vorheizen. Den Strudel in eine eingefettete Backform oder auf eingefettetes Backblech geben, die Oberfläche einpinseln und bei 200° im Backrohr ca.30 Minuten backen. Zwischendurch die Oberfläche öfter mit Butter bepinseln, dann wird der Teig blättrig und knusprig.

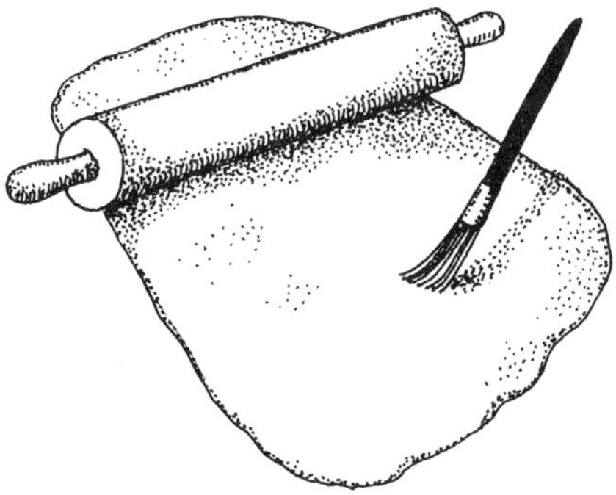

Schneller Hefeteig

Viele haben Angst Hefeteig selbst zu machen, dabei kann mit diesem Rezept gar nichts passieren und noch dazu ist dieser Teig ganz schnell gemacht zum Bespiel für eine Pizza.

250 g Mehl halb Typ 405
halb Typ 1050 in eine Schüssel sieben.
150 ml Milch leicht erwärmen,
20 g frische Hefe in die lauwarme Milch brökkeln und glattrühren. Die Hefemilch in das Mehl eingießen,
80 g Butter in Flöckchen zufügen und mit
1 Msp Meersalz die Zutaten mit der Hand nur kurz durchkneten. Schon fertig. Die Zutaten für den Belag richten. Eine Springform von 30 cm einbuttern, Teig 3 mm dick ausrollen. Den Ring der Springform schließen und den Hefeteig ein wenig hochziehen und andrücken. Form belegen und bei 230° auf der mittleren Einschubleiste backen

Pizzabelag

Den ausgerollten Hefeteig mit
öl einpinseln, dann
50 g Reibekäse darauf verteilen,
3 große Fleischtomaten in Scheiben geschnitten,
50 g Champignons,Egerlinge oder Austernpilze geputzt, in Scheibchen,
12 Oliven,
100 g Mozzarella in Scheiben, auf dem Teig anordnen. Nach dem Backen
Basilikumblättchen anstreuen und nach Belieben mit
schwarzem Pfeffer würzen.

Pastetenteig

Diesen Teig können Sie für alle Arten von Gemüsepasteten verwenden. Er enthält nicht viel Fett und schmeckt sehr gut.

150 g Mehl Typ 1050 150 g Mehl Typ 450	zusammen auf eine kühle Unterlage sieben.
70 g kalte Butter	in dünnen Scheibchen darüber verteilen.
1 Msp Meersalz	anstreuen und
2 El Eiswasser	darübersprenkeln. Mit kühlen Händen den Teig rasch und gründlich zusammenkneten. Vor der weiteren Verwendung in einen Gefrierbeutel verpacken und in den Kühlschrank legen. Den Teig dünn ausrollen und in kalt ausgespülte Förmchen oder in eine kalt ausgespülte Springform legen. Am besten wird der Teig blind gebacken. Das heißt in diesem Fall - ohne Gemüse. Die Füllung kommt dann in die fertige Form. Zum "Blindbacken" werden getrocknete Erbsen oder Bohnen eingefüllt, nachdem man den Teigboden mit Alufolie abgedeckt hat. So kann der Teig vom Rand nicht abrutschen.

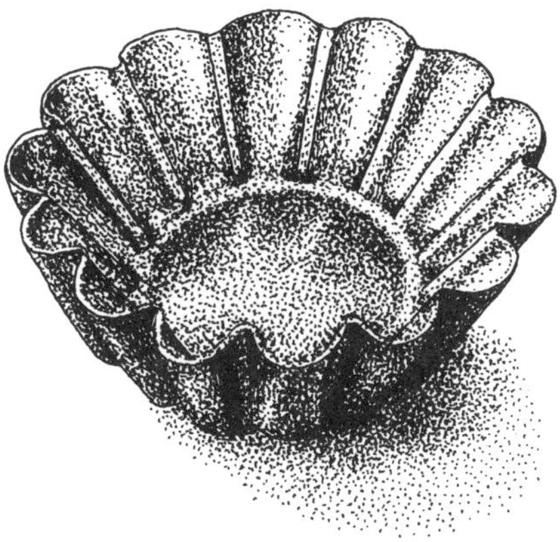

Zu Füllungen eignen sich: Bereits fertig gegarte Gemüse, die man mit weichem Käse bestreuen kann. Oder man gibt auf das Gemüse einen Löffel Sauce, wie z. B. eine leichte Sauce Hollandaise* oder die Tomatensahne*, die weniger Kalorien enthält und bekömmlicher ist, als eine überbackene, dicke Käsekruste.

Bierteig

Bierteig ist für Gemüse und Fisch, sowie für Früchte gleich gut geeignet.

120 g Mehl Typ 1050 1/8 l Weißbier	in eine Schüssel sieben,mit glattrühren,
2 Eidotter 1 El Öl 1 Msp Salz	unterrühren. Dann den Teig für 1/2 Std.zum Ruhen beiseite stel-len. Inzwischen den Fisch oder das Gemüse vorbereiten. Vor dem Ausbacken
2 Eiweiß mit 1 Tl Zitronensaft	steifschlagen u.locker unter den Eierteig heben. Die Ausbackteile möglichst trocken, eventuell ganz leicht mehliert durch den Teig ziehen.

Ausbackteig

3 El Mehl	in einen Mixbecher geben, mit
1 El Mineralwasser 1 El Öl, 1 Msp Salz und 2 Eidottern	glattrühren. Den Teig 15 Min.zum Quellen stehen lassen.
1 Tl Cognac	sowie
2 kalte Eiweiß mit 1 Tl Zitronensaft	zu Schnee geschlagen, unterheben. Nach Belieben können
3-4 El trockener Reibekäse	noch mit untergemischt werden. Vorbereitetes Backgut durch den Teig ziehen, ausbacken und ggf. auf Küchenkrepp zum Abtropfen legen.

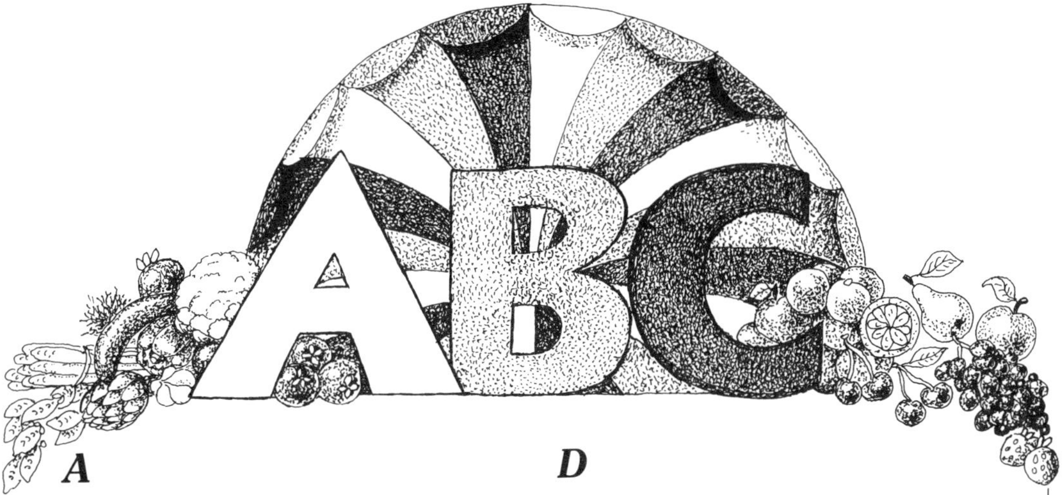

Geliebte Eva,

damit Du mich nicht immer fragen mußt, was ich gerne essen möchte, habe ich Dir meine Leibspeisen aufgeschrieben.

Dein

Adam.

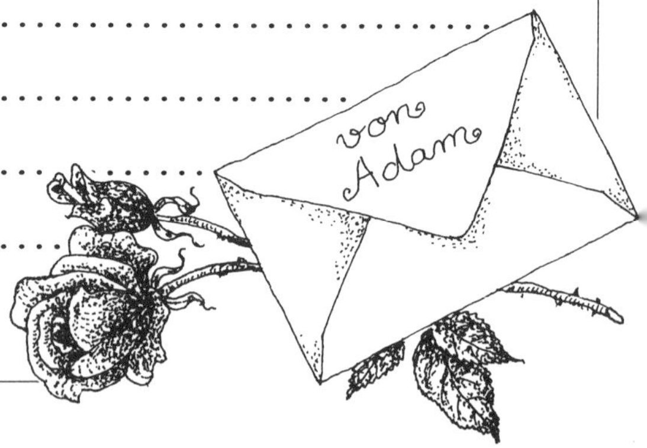

BITTE

DIESES BUCH VON DER UNTERKANTE NACH OBEN STÜRZEN,

WENN SIE IN ADAMS KÜCHENGEHEIMNISSE EINDRINGEN

MÖCHTEN.

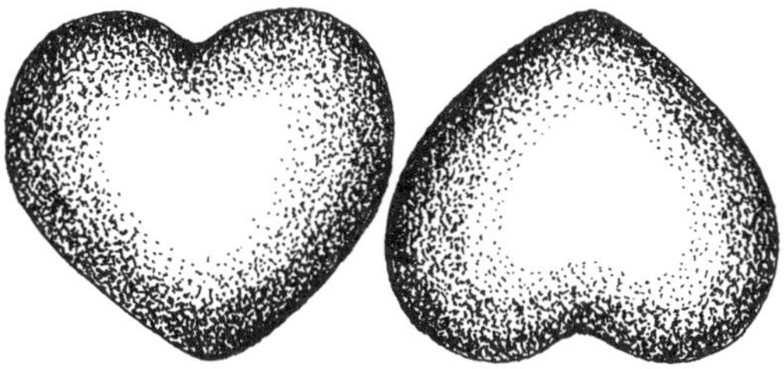

BITTE

DIESES BUCH VON DER UNTERKANTE NACH OBEN STÜRZEN,

WENN SIE IN EVAS KÜCHENGEHEIMNISSE EINDRINGEN

MÖCHTEN.

Tomaten-Sugo

ist eine dick eingekochte Tomatensauce, die sehr gut an Nudeln oder Spaghetti haftet. Man sollte nie zu wenig davon machen, denn ein Rest ergibt eine ganz hervorragende Tomatensuppe. Mit ein bißchen Sahne, etwas Brühe oder auch mit etwas Spinat ist sie ganz schnell bereitet. Unverdünnt schmeckt der Sugo zu gebackenem Gemüse oder Flädle.

Wenn Sie eigene, **wirklich reife** Tomaten im Garten besitzen und Lust zum Schälen haben, ist das eine feine Sache. Bei Zeitmangel empfiehlt sich eine **gute** Dosenware, denn die Dose allein bestimmt schon den Geschmack.

Für 2 Personen und.....

1 kg Tomaten	mit heißem Wasser überbrühen, Haut abziehen und Stielansatz entfernen.
Oder 1 große Dose,	Inhalt etwas zerkleinert, bereitstellen.
2-3 El Öl	in einer 26-cm-Stielpfanne erhitzen,
1 große Zwiebel	kleinwürfelig geschnitten und
3 Knoblauchzehen	gepreßt, darin anlaufen lassen.
	Tomaten mit Saft einrühren, nur kurz zudecken, dann bei kleiner Hitze 20 Min. einköcheln lassen.
1 El Tomatenmark und	falls nötig, ein wenig Flüssigkeit angießen. Mit
1 El Basilikum	ganz frisch und feingehackt,
1 Tl Oregano	
1/2 Tl Fenchelsamen	durchgehackt,
1 Tl Flüssigwürze	und frisch gemahlenem
schwarzen Pfeffer	gut abschmecken.
	Mama mia ist der Sugo prima!

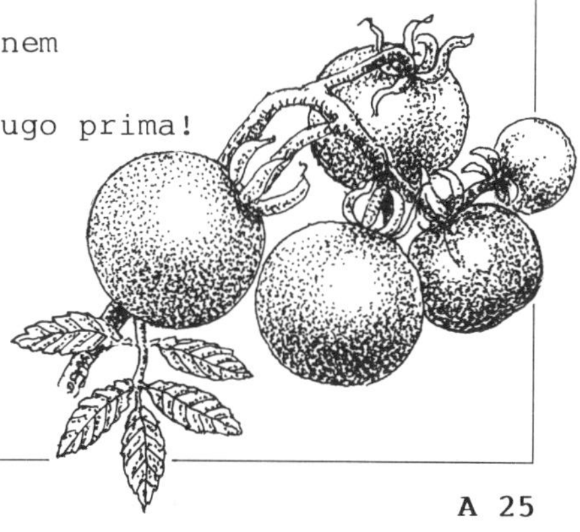

Spanische Ajoceite

ist eine feine Knoblauchsauce, die ursprünglich in einem Mörser hergestellt wurde. Die Knoblauchzehen wurden mit dem Stößel fein zerstoßen, dann kamen die Eidotter dazu und tröpfchenweise das öl und dann hieß es rühren, rühren. Nachdem Sie vielleicht auch nicht so viel Muße zum Rühren haben wie ich, bin ich auf eine Idee gekommen, diese herrliche Sauce, die so schön nach südlichem Urlaub schmeckt, ein bißchen praktischer herzustellen.

Für 2 Personen zu Pellkartoffeln, Gemüsegerichten oder Fisch:

3 große, junge oder 6 kleine Knoblauchzehen	schälen, in einen Becher geben,
2 Eidotter,1/2 Tl Salz	und den Saft von
1/2 kleinen Zitrone	zufügen. Nun mit dem Mixstab gleich alles zusammen vermischen
1/2 Tasse Keimöl	langsam einfließen lassen, bis alles gebunden, schaumig und dicklich ist.
150 ml süße Sahne	schaumig schlagen und locker unter die Eimasse rühren.

Dieses Ajoceite Rezept ist leichter als das Originalrezept, da schweres Olivenöl in größerer Menge durch Sahne (weniger Fettanteil) ersetzt wird. Im Geschmack ist sie ausgezeichnet.

Leichte Mayonnaise

wird genauso zubereitet wie obige Ajoceite jedoch ohne Knoblauch. Nach Belieben können Sie noch zufügen:

1 Tl französischen Senf	
1 Msp weißen Pfeffer und	
1 Tl hellen Weinessig.	Im Kühlschrank, aber nicht an der kältesten Stelle, aufbewahren.

Sauce Hollandaise

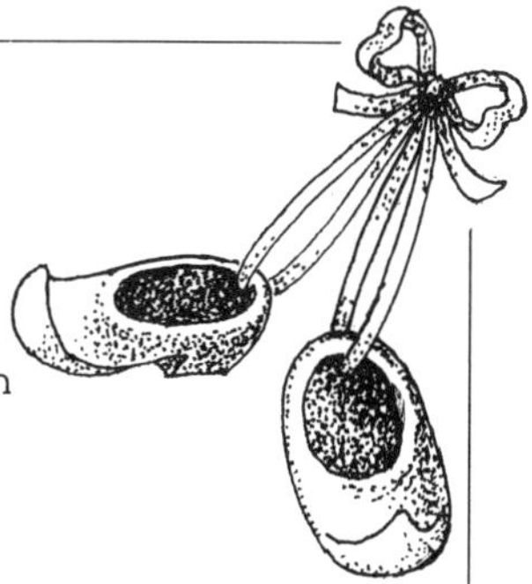

Für 1 Person:

2 kleine Schalotten 1 Tasse Brühe oder Wasser 1 Lorbeerblatt 1/2 TL weiße Pfefferkörner 3 El Weißwein 2 EL Estragonessig und	kleinschneiden, in geben,
1 Msp Salz,1 TL Zitronensaft	zufügen, 5 Min. köcheln lassen, dann durchsieben und abkühlen lassen.
1 El Mehl (gestrichen) voll	in ein feuerfestes Glasgefäß geben, mit ein wenig der oben hergestellten Brühe glatt rühren, dann den Rest zugeben.
1 Eigelb	zufügen. Im Wasserbad schlagen, bis die Masse schaumig und dicklich geworden ist.
1 El weiche Butter	nicht flüssig! unterschlagen.
1/2 Tasse süße Sahne	steifschlagen, locker darunterheben und gleich servieren. Diese Hollandaise ist sehr luftig, leicht und nicht so fett.

Malteser-Sauce

1 unbehandelte Orange	heiß waschen und mit Küchenkrepp abtrocknen. Die halbe Frucht sehr dünn schälen und in feinste Streifchen schneiden. Diese kurz in
2 El Weißwein	dünsten. Den Saft der halben Orange in obige Sauce Hollandaise einrühren und die Schalenstreifchen unterheben.

Diese Sauce schmeckt sehr gut zu gekochtem Spargel!

Eingelegter Schafskäse

Für 2 Personen:

500 g Schafskäse — in ca. 5 cm Würfel schneiden, in ein Glas mit weiter Öffnung geben, damit man bequem entnehmen kann. In

1/4 l Olivenöl oder anderes Öl

3 Knoblauchzehen — geschält geben,

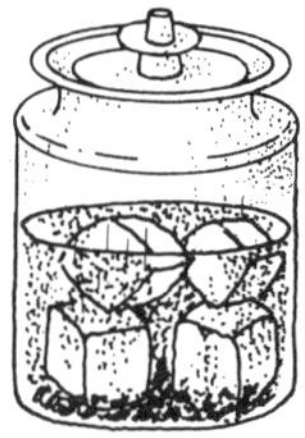

1/2 Tl getrocknete Rosmarinnadeln

1 Tl Kräuter der Provence

1 Lorbeerblatt

1 kl.rote, getrocknete Peperonischote — in Scheibchen geschnitten, mit dem Öl vermischen und über den Käse gießen. Das Öl muß den Käse gut bedecken. 2-3 Tage durchziehen lassen.

Käse-Salat

Für 2 Personen:

200 g Raclettekäse — in Stäbchen schneiden,

1 roten Apfel — heiß waschen, ungeschält auch in Stäbchen schneiden und zufügen.

1 Tasse blauer Trauben — erst heiß, dann kalt waschen, abgetropft darüber verteilen.

1 Stiel Staudensellerie 15 cm — gewaschen, in dünne Scheibchen schneiden, zufügen. Mit

Salatsauce **1** — vermischen. Mit einem Kränzchen aus

1 Tasse Kresse — umlegen. Mit dunklem Brot oder Pellkartoffeln servieren.

Käse

Käse paßt zur vegetarischen Küche ausgezeichnet. Sein hochwertiges Eiweiß kommt in Frischkäse besonders zur Geltung.

Lassen Sie sich durch den Aufdruck des Fettgehaltes i. Tr. also in Trockenmasse, nicht irritieren. Die Bezeichnung bedeutet:

100 g Frischkäse enthält 1/4 des angegebenen Fettgehalts
100 g Weichkäse enthält 1/2 des angegebenen Fettgehalts
100 g Hartkäse enthält 2/3 des angegebenen Fettgehalts

so kann also ein feuchter Käse ruhig einen höheren Fettgehalt haben, da ja nur 1/4 effektiv im Käse enthalten ist.

Nehmen Sie Käse immer rechtzeitig aus dem Kühlschrank, kalt entfaltet Käse kein Aroma und schmeckt nicht.

Gute Begleiter auf einem Käsebrot oder zum Käse sind:
Nüsse, Trauben, Feigen, Apfel und Birne und weiße Zwiebelringe mit Paprika bestreut.

Hartkäse können Sie übrigens einfrieren, er läßt sich dann sehr gut reiben. Auch mit eingefrorenem, geriebenem Käse haben Sie eine brauchbare Reserve.

Angemachter Käse

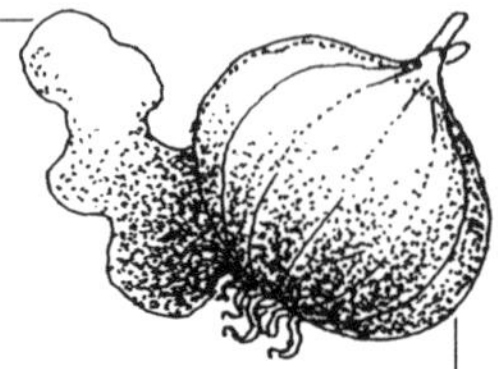

Für 2 Personen:

	Eine kleine Schüssel mit heißem Wasser ausspülen.
125 g Camembert oder Butterkäse	hineingeben.
40 g Butter und 2 El süße Sahne	zufügen und mit einer Gabel grob zerdrücken, keinesfalls mit einem Mixstab, sonst gibt es Brei.
1 kleine Zwiebel	schälen, kleinwürfelig schneiden und untermischen. Mit
1 El Kapern und 1/2 El Rosenpaprika	würzen, auf einem Teller zur Kugel formen und mit Paprika überpudern. Dazu schmeckt ein gutes Vollkornbrot.

Anstelle von Kapern können Sie 1 Tl Kümmel untermischen.
Bei diesem deftigen Käse entfällt ein vorheriges Einstreichen des Brotes mit Butter! Der Angemachte hält sich im Kühlschrank 2-3 Tage.

Angemachter Quark

Für 2 Personen:

ca.200 g Quark oder Topfen mit 2 El Sahne	mit einer Gabel in einer kleinen Schüssel verschlagen.
2 Schalotten 1 kleine Gewürzgurke	kleinwürfelig geschnitten und ebenso vorbereitet, zufügen. Mit
1 El Paprika mild und 1 Tl Kümmel	würzen und frisch auftragen.

Käsestangen

400 g Blätterteig* in 6 Teile trennen, 6 Platten von einer Größe 15 x 25 cm auswellen. 3 Platten davon werden bestrichen mit

je 1 Eigelb mit
je 1 El Rahm vermischt und mit
je 2-3 El Reibekäse
Rosenpaprika u.Kümmel bestreut.Die 3 anderen Platten darauflegen,in 2 cm breite Streifen schneiden, zu Spiralen drehen und auf mit kaltem Wasser benetztem Backblech 10-15 Min. bei 225°, im Umluftherd bei 180° schön goldgelb backen. Bitte nicht braun werden lassen sonst werden die Stangen bitter.

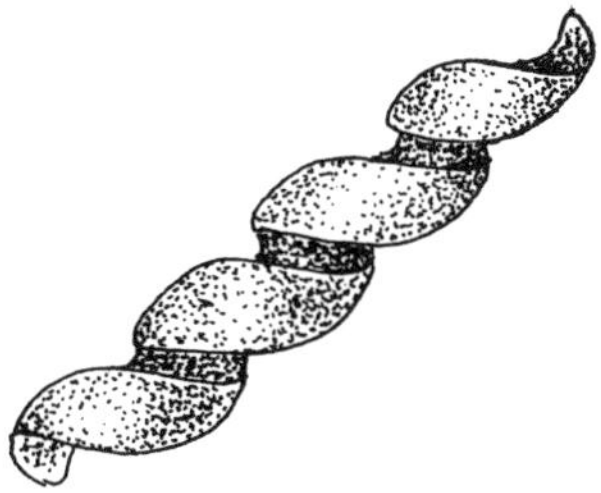

Frühlingsquark

schmeckt natürlich selbstgemacht ganz anders da die Kräuter unbehandelt und gartenfrisch untergemischt werden können.

Für 2 Personen:

200 g Quark mit
2 El Milch oder
Mineralwasser je nach Wunsch, verschlagen,
1 Frühlingszwiebel ohne Außenröhren in Stücken in einen Mixbecher geben,
1 Karotte gebürstet und gewaschen, in Stücken,
1 Gewürzgurke auch in Stücken geschnitten, die abgezupften Blätter von folgenden Kräutern insgesamt
1 Handvoll **Petersilie, Zitronenmelisse, Borretsch und Estragon** zufügen, mit dem Mixstab nicht zu fein hacken, mit dem Quark mit einer Gabel locker vermischen und zum Schluß
1 El Schnittlauch in Röllchen darüberstreuen. Ein deftiges Vollkornbrot dazureichen.

Spinat-Käse-Taschen

Für 2 Personen:

Nehmen Sie dieses Quantum für 2 Mahlzeiten und frieren Sie die Taschen ein, dann rentiert sich die Zubereitung.

1 weiße Zwiebel	in
1 El Distelöl	in einer Stielpfanne anlaufen lassen.
250 g Spinat	von den Stielen befreien, waschen, abgetropft in Streifen schneiden und mitdünsten.
100 g Topfen	sehr trocken, notfalls noch ablaufen lassen, mit
1 Eigelb verrühren	
1 Msp Meersalz	
1 Msp Muskat und	
50 g Parmesan	zugeben und mit dem etwas ausgekühlten Spinat und
1 El Basilikum	feingehackt, vermischen.
300 g Bätterteig	ausrollen, in 8 Quadrate teilen, die Spinat-Topfenmasse in die Mitte plazieren, Ränder mit
2 Eiweiß	bestreichen, zu Dreiecken zusammenklappen und die Ränder mit einem Teigrädchen oder einer Gabel fest zusammendrücken. Backblech mit kaltem Wasser benetzen, die Teigtaschen mit
1 Eigelb	bestreichen und im vorgeheizten Backrohr bei 220° ca. 20 Minuten schön goldgelb backen.

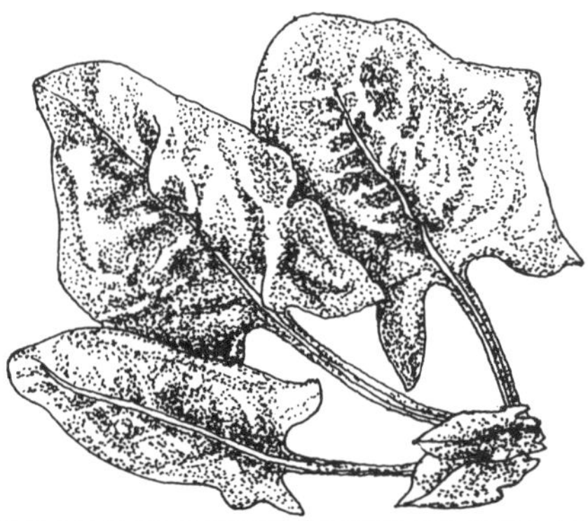

Quarklauchtorte

Für 2 Personen:

2 Lauchstangen	putzen, der Länge nach teilen, dunkelgrüne Teile abschneiden, sehr gründlich waschen, in 4-5 cm breite Abschnitte teilen, kurz in einer Stielpfanne mit bodenbedeckt Wasser blanchieren und anschließend sehr gut abtropfen lassen.
	Eine Springform von 24 cm mit kaltem Wasser ausspülen und mit
200 g Blätterteig	belegen, den Rand ca.3 cm hoch, erst kaltstellen, dann bei 225 ° vorbacken.
250 g Quark	mit
2 Eidottern, 1 El Mehl, Meersalz, Paprika, Kümmel oder Koriander	und frischen Kräutern wie
Liebstöckel, Petersilie und Zitronenmelisse	gehackt, vermischen
3 Eischnee	steifgeschlagen, unterheben.
5 El Reibekäse	auf dem vorgebackenen Boden verteilen, den abgetropften Lauch darauflegen und mit der Quarkmasse bedecken.
	Im vorgeheizten Backrohr bei 190° 30-40 Min. backen. In der ersten Viertelstunde den Backofen nach Möglichkeit nicht öffnen.

Tofu

Tofu ist aus Sojamilch hergestellter Quark, in glatter und wesentlich kompakterer Konsistenz als Quark aus Kuhmilch. Tofu ist cholesterinfrei und außerdem nicht säurebildend. Er enthält alle acht essentiellen Aminosäuren, die das Eiweiß vollwertig machen. 100 g Tofu enthält 9 g Eiweiß, nur 4 g Fett, nur 2 g Kohlenhydrate, 0,8 g Mineralstoffe und nur 70 Kalorien. Durch diese Zusammensetzung bildet er eine hochwertige Eiweißquelle und damit eine große Bereicherung für die Vollwertküche.

Tofu ist absolut geschmacksneutral. d. h. er schmeckt ohne Würze einfach nach nichts. Das hat aber den Vorteil, daß man ihn dann ganz nach seinem persönlichen Geschmack präparieren kann. Und hier habe ich an einen männlichen Würzmeister gedacht und Ihnen, lieber Adam, dieses Kapitel noch untergeschoben. Sicher kann Eva das natürlich auch, aber sicher sanfter und hier darf es ruhig einmal kräftiger sein.

Nachdem Tofu bei uns noch nicht so lange verwendet wird, sind die europäischen Rezepte noch ein wenig dürftig. Die Meinungen ob in Whisky, in Cognac oder in Salzlake zum Aufbewahren zu legen, gehen auseinander und was von dem gesunden Produkt dann noch übrig bleibt, ist eine andere Frage.

China und Japan schauen in der Tofuküche immerhin auf eine jahrhundertalte Erfahrung zurück und ich glaube, daß man hier vor allem beim Würzen viel lernen kann. Ohne gute, würzige Marinade für Tofu kann es kein feines Gericht geben.

Tofu läßt sich mit allen Gemüsesorten gut kombinieren und paßt in Stäbchen geschnitten und frisch gebraten oder auch abgekühlt gut auf einen attraktiven Salatteller. Richtig zubereitet schmeckt er wie zartes Geflügelfleisch.

Die **Zubereitung** ist denkbar einfach. Der Tofuwürfel oder Block wird in dünne Scheibchen, in Stäbchen oder kleine Würfel geschnitten. Diese werden in eine Marinade gelegt, in der sie mindestens 4 Stunden gut durchziehen können. Dann in einer Pfanne Erdnußöl oder Sojaöl stark erhitzen, die Sojawürfel oder Stäbchen darin rasch anbraten, nicht länger als ca. 2 Min., bis sie ringsum hellbraun sind.

Das Kleinschneiden von Tofu ist wichtig, damit die Marinade gut eindringen kann. Sie darf, wie bereits erwähnt, sehr würzig sein, da Tofu viel aufnehmen kann.

Die **Marinade** kann variiert werden. Sehr gut ist eine Mischung aus Erdnuß- oder Sesamöl mit heller Sojasauce, Fünfgewürzemischung, Dajong und weißem Pfeffer mit ein wenig Reiswein oder trockenem Weißwein und etwas frischem, geriebenen Ingwer.

In eine andere Marinade können Sie noch Gewürzkräuter, wie Pfefferminze, frischen Koriander oder Zitronenmelisse mit einlegen. Diese entfernen Sie dann vor dem Anbraten, damit sie nicht verbrennen.

Tofu erhalten Sie in Reformhäusern und Naturkostläden auch als Bioware, sowie in gut sortierten Lebensmittelgeschäften. Da Tofu hier hergestellt wird, kann man ihn wirklich frisch bekommen.

Guter Schnitt macht fit

dies sollte kein Slogan sein, sondern sollte aufzeigen, daß allein die Vorbereitung schon ausschlaggebend ist, ob das Gericht noch einen gesundheitlichen Wert hat **und** auch optimal schmeckt. Denn nur was schmeckt, ist bekömmlich.
Durch das Kleinschneiden der Gemüse wird die Garzeit so verkürzt, daß der Wert der Inhaltsstoffe gegenüber anderen Garmethoden bestens erhalten bleibt und das Gemüse knackig frisch schmeckt. Die Chinesen haben dies schon längst erkannt.

Gemüse **vor** dem Schneiden **waschen!**

Wichtig: Lassen Sie das geschnittene Gemüse nicht lange offen stehen, Luftsauerstoff schadet bereits zerkleinertem Gemüse.

Gemüse stifteln	vom jeweiligen Gemüse ca.3 mm dünne Scheiben abschneiden, ggf. schräg, diese aufeinander legen, längs in 3 mm Stifte schneiden, dann haben Sie eine Menge Stifte auf einmal.
In Stäbchen schneiden	gleiche Methode wie beim Stifteln, Scheibenstärke jedoch etwa 4-5 mm.
Zwiebel in Ringe	Zwiebel schälen, auf der Längsseite ein wenig abflachen, so ist es sicherer zum Schneiden, gleichmäßige Scheiben abschneiden, die dann in Ringe auseinander fallen.
Zwiebel kleingeschnitten gehackt	heißt meistens im Küchengebrauch aber mit Hacken gibt es nur ein Durcheinander. Schneiden Sie die Zwiebel besser erst in Längsscheiben und halten Sie diese zusammen, dann quer wie zu Ringen, dann auslassen und Sie haben kleine Würfelchen.

Unerläßlich ist ein festes, breites, scharfes Messer. Halten Sie dieses mit der Schneide schräg nach außen, dann schneiden Sie sich nicht. Siehe auch Foto mit geschnittenem Gemüse.

Wenn Sie mehr wissen wollen

Andere Bücher aus dem Verlag

SCHNELL WAS FEINES von Olli Leeb
Natürlich frisch, für Dich und mich... praktische Rezepte für Vielbeschäftigte, für den Minihaushalt, für Studenten und Senioren. Mit vielen Anregungen und Tips. Kalorientabelle, Alphabetische Anordnung der Rezepte. Schöne Farbfotos (Studio Teubner) und Zeichnungen. Schutzklappen für die Buchseiten. 212 S. ISBN 3-921799-81-3

KÖSTLICH FRISCHE SALATE von Olli Leeb
Alle gewachsenen Salatsorten nach Farben geordnet. Nährwerttabelle. Exklusive Farbfotos von Christian Teubner, reich illustriert. Mit Schutzklappen für die Buchseiten. 196 S. ISBN 3-921799-88-0

KÄSE SELBER MACHEN von W. W. Windisch und Olli Leeb
Praktisches Rezeptbuch für eigene Käseherstellung. Mit Labtabletten und Mini-Original-Käsereiwerkzeug zusammen in einem Schuber.
ISBN 3-921799-82-1

BAYERISCHE LEIBSPEISEN zusammengetragen von Olli Leeb
300 Rezepte aus Altbayern, Franken und Schwaben, kleine Bayernkunde und Bayerischer Kalender. Für In- und Ausländer leicht nachzukochen. Farbfotos und viele Zeichnungen. 172 S. ISBN 3-921799-80-5

BAVARIAN COOKING assembled by Olli Leeb
English Edition of „Bayerische Leibspeisen" 172 S. ISBN 3-921799-85-6

AUSGEWÄHLTE DESSERTS von Olli Leeb
Feine Rezepte für jeden Geschmack und jede Linie. Nach Farben der verwendeten Früchte geordnet. Reich illustriert und schöne Fotos. Mit Nährwerttabelle und Schutzklappen für die Buchseiten.
198 S. ISBN 3-921799-84-8

DIE FEINSTEN PLÄTZCHEN-REZEPTE gesammelt von Olli Leeb
Das spezielle Backbuch für Plätzchen, Lebkuchen, Guetzli und Konfekt. Ausgezeichnet mit der Silbermedaille der Gastronomischen Akademie Deutschlands. Farbfotos Studio Teubner, viele Illustrationen und Schutzklappen für die Buchseiten. 190 S. ISBN 3-921799-98-0

MY FAVORITE COOKIES FROM THE OLD COUNTRY by Olli Leeb
English Edition of „Die feinsten Plätzchen-Rezepte"
190 S. ISBN 3-921799-97-X

DER FLECK MUß WEG! von Olli Leeb
Ein informatives Handbuch zur Pflege, Wäsche und Reinigung edler Textilien und Lederbekleidung. Mit genauer Materialkunde. So leben Ihre guten Stücke länger. 80 S. ISBN 3-921799-86-4

GARMENT CARE by Olli Leeb
Stain Removal easy made. English Edition of „Der Fleck muß weg!"
80 S. ISBN 3-921799-83-X

Literatur:

Prof. J. Angerer "Die Krebsgefährdung durch unsere tägliche Nahrung" Verlag Tibor Marczell München.

Prof. Dr.Halden "Gesunde Ernährung", L.Stocker Vlg. Graz.

Harvey and Marilyn Diamond "Fit for Life", Waldthausen Verlag, "Fit fürs Leben", Ritterhude.

Josef Karl HP Kurier 2/88 "Über die richtige Ernährung und das Heilfasten".

Komplett Büro München, Information Aupi Weiden,Neuseeland Kiwi, Informationsgemeinschaft Bananen.

Weiterführende, empfohlene Literatur:

von Koerber/Männle/Leitzmann "Vollwert-Ernährung Grundlagen einer vernünftigen Ernährungsweise" 6.Auflg. 1987. Haug Verlag. Heidelberg.

Dr.med.Erich Krug "Die therapeutische Verwendung der Roten Bete " Karl F. Haug Verlag Heidelbg.

Prof. Dr. Felix Krusen "Iß und lebe!" Ernährung ohne Angst und Aberglauben. Günther Olzog Verlag München 1985.

Sigrun Ester Windisch "Frisch vom Markt" Hugo Matthaes Verlag GmbH & Co.KG Stuttgart 1987.

BITTE

DIESES BUCH VON DER UNTERKANTE NACH OBEN STÜRZEN,

WENN SIE IN EVAS KÜCHENGEHEIMNISSE EINDRINGEN

MÖCHTEN.

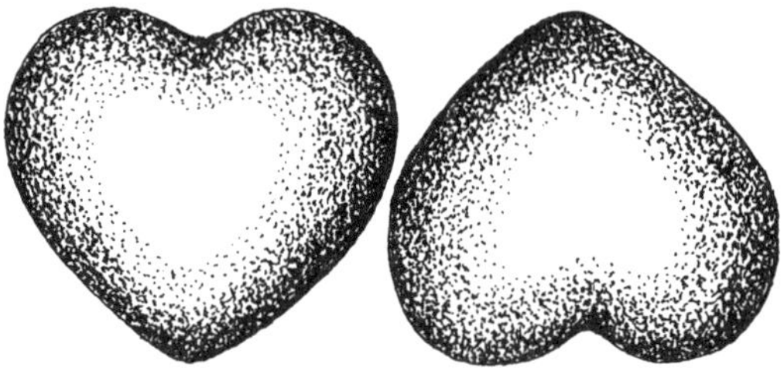

BITTE

DIESES BUCH VON DER UNTERKANTE NACH OBEN STÜRZEN,

WENN SIE IN ADAMS KÜCHENGEHEIMNISSE EINDRINGEN

MÖCHTEN.

Adam KOCHT FÜR Eva

natürlich
vollwertig

OLLI LEEB

2. Auflage 1997 ISBN 3-921799-78-3

Druck: Biering GmbH, 80939 München
Grafik: Kerrin von Carnap, Icking
Fotos: Michael Volkmann, München
S.17 Komplett Büro, München
Repro: Oestreicher + Wagner, München
Bindung: R. Oldenburg, Kirchheim

Schutzklappen: Gebrauchsmusterschutz eingetragen
Nr. B 42 D 3-04 GM 97 30 597

Printed in Germany

Inhalt

Adam kocht für Eva. Dieser Titel hätte bei manchen Männern der früheren Generationen entweder lautes Gelächter oder nur ein müdes, sehr spöttisches Lächeln ausgelöst. Die **Frau** gehört an den Herd! So hieß es.
Die Zeiten haben sich inzwischen grundlegend geändert. Die Haus-Perlen sind im Industriemeer versunken und durch die Berufstätigkeit der Frau ist im Haushalt ein Vakuum entstanden.

Angesichts dessen hat sich gottlob die Einstellung der jungen Generation in diesem Punkt positv entwickelt und so ist aus der Partnerschaft auch eine Küchenkameradschaft entstanden.

Ich weiß nicht, inwieweit Sie als Bei - Hobby - oder Küchenchef schon große Erfolge zu verzeichnen haben, jedenfalls hoffe ich, daß Sie sich mit dem Thema richtiger Ernährung befassen, um gesund und fit zu bleiben. Mit diesem Buch möchte ich Ihnen Anregungen geben für eine vollwertige Küche, die schmeckt und ohne großen Aufwand herzustellen ist.

Wenn Sie für Ihre Eva kochen, überlegen Sie, ob Sie sie lange fit, normalgewichtig und fröhlich möchten oder träge, dick und phlegmatisch. Jedenfalls gilt die empfohlene Ernährungslinie für Sie beide:

Essen Sie:
- so naturbelassen wie möglich
- so frisch wie irgend möglich
- so sorgfältig zubereitet wie möglich und
- so langsam wie möglich.

Entgehen Sie dem allgemeinen Trend im Essen von:

zu viel - zu fett - zu salzig - zu sauer - zu süß

...und in der Lebensweise:

zu wenig Bewegung - zu wenig frische Luft - zu wenig Schlaf und zu wenig positive Einstellung.

Letztere wünsche ich Ihnen ganz besonders

Ihre

München, im September 1989.

Zum Gebrauch des Buches

Die Einteilung dieses Buches wird Sie vielleicht ein wenig überraschen. Nachdem ich mir für Sie ein gemeinsames Buch vorgestellt habe, ist der eine Teil für Sie, lieber Adam und der andere für Eva. Damit es keine Verwechslung im Alphabet und beim Gebrauch des Buches gibt, ist den Seitenzahlen jeweils ein A oder ein E vorgesetzt.

Das Buch ist in Rubriken eingeteilt, die Sie dem Inhaltsverzeichnis entnehmen können. Die Auflistung der einzelnen Rezepte finden Sie im alphabetischen Register S. E 137. Also bei Eva.

Wenn Sie das betreffende Rezept gefunden haben, legen Sie bitte die beiden Klarsichtklappen, die am vorderen und rückseitigen Buchdeckel befestigt sind, auf die aufgeschlagenen Seiten. Diese sind somit vor unvermeidlichen Flecken geschützt und das Buch bleibt auch glatt offen liegen. Sie brauchen bei keinem Rezept umblättern.

Die Rezepte sind so geschrieben, daß Sie die Zutaten für Ihren Einkaufszettel auf einen Blick sehen. Die Zubereitung ist auf der rechten Seite kurz gehalten, lesen Sie bitte genau, denn es ist wichtig, ob eine Zutat gestiftelt oder geraspelt verwendet wird, da dies ein anderes Ergebnis bringen würde.

Die Garzeiten sind angegeben, nicht aber die Zubereitungszeit, da diese von Ihrer küchentechnischen Ausrüstung abhängt. Jedenfalls sind die Rezepte so ausgewählt, daß sie auch für Berufstätige leicht nachvollziehbar sind.

Wünschenswerte

Küchenschürze für Adam

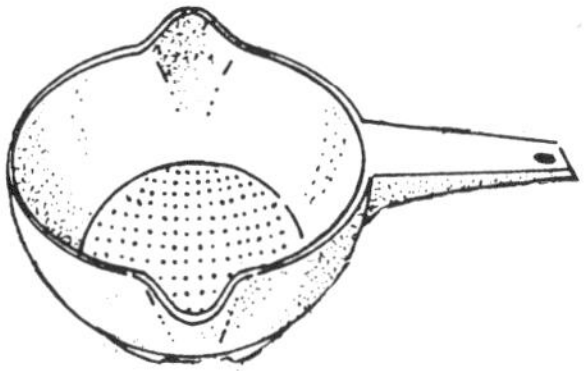

Abtropfsieb

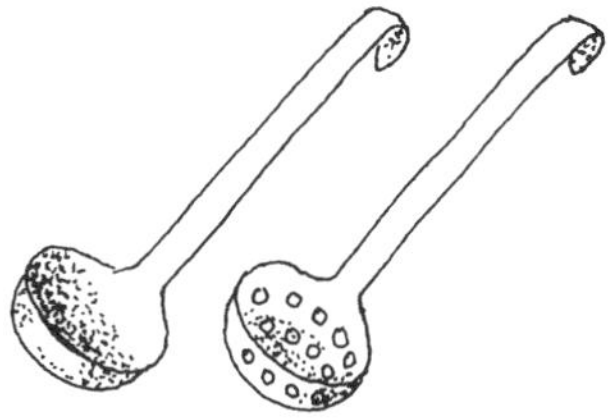

Schöpf- und Sieblöffel

verschiedene Messer

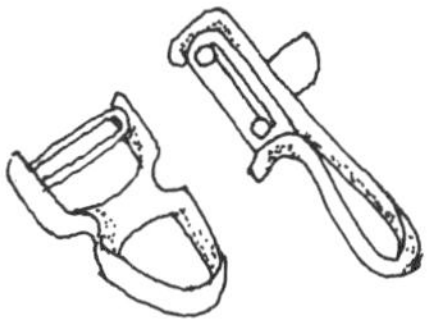

Gemüseschäler

Passiersieb

Rohkostreibe

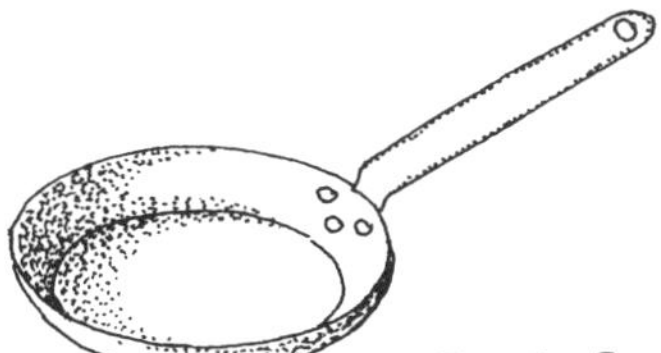

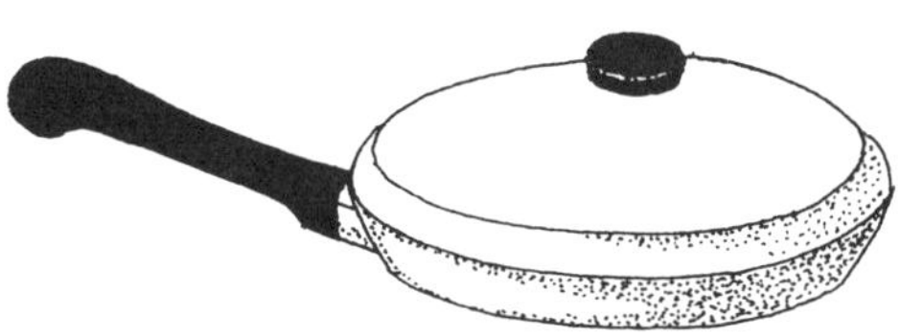

Bratpfannen

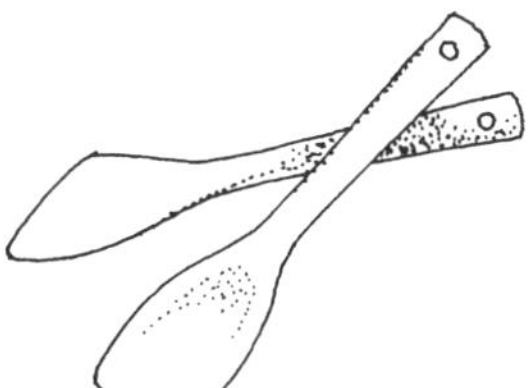

Holzspachtel

Küchenhilfen

Mixstab

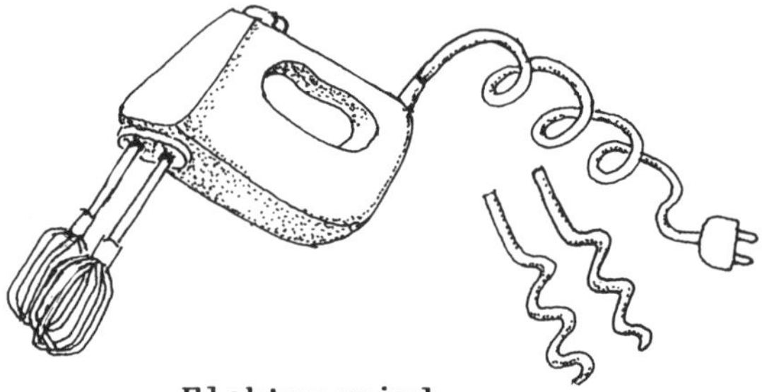

Elektroquirl

Mixbecher

Muskatreibe

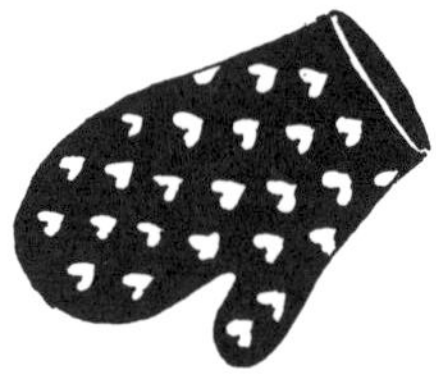

Topflappen

Schneebesen

Küchenschere

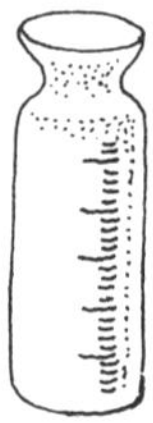

Babyflasche
zum Abmessen von
Flüssigkeiten

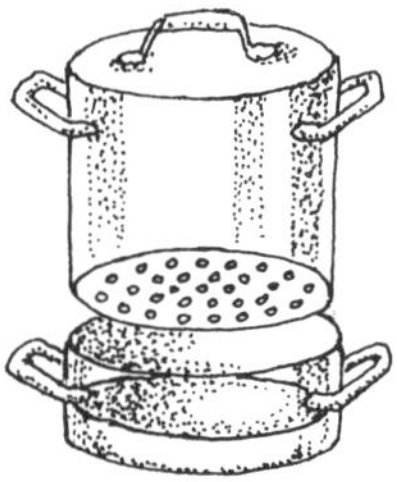

Kartoffeldämpfer

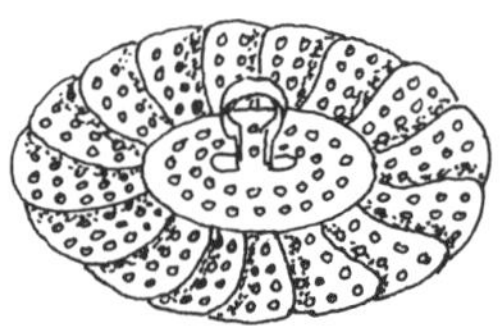

Fächersieb

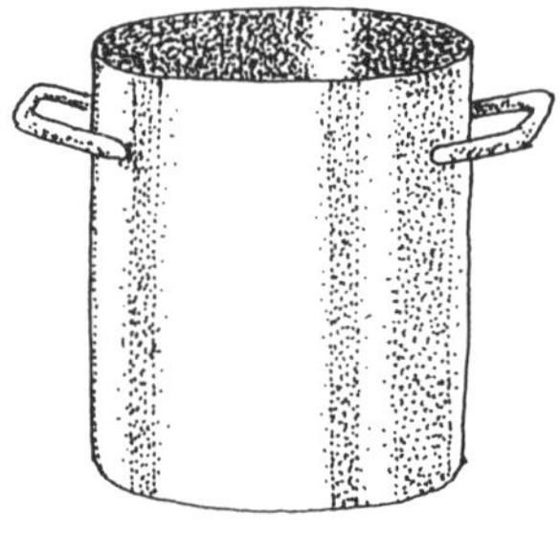

Suppentopf

Küchenausdrücke

anlaufen lassen	in Fett Zwiebel, Knoblauch etc. nur glasig werden lassen, nicht bräunen.
auf Dampf schlagen	Rührschüssel **auf** einen Topf mit kochendem Wasser stellen.
aufschäumen lassen	von Butter, wenn beim Erhitzen Bläschen aufsteigen und sie noch nicht braun ist.
auslassen	Butter zerfließen lassen bis zum Aufschäumen, Schaum für Hefeteig sehr gut, übrig bleibt geklärte Butter = Butterschmalz oder Butterfett.
auswellen	mit Nudelholz Teig ausrollen.
backen	immer **offen** entweder in der Backröhre oder **auf** dem Herd in einer Pfanne.
braten	geschieht ebenfalls in einer Pfanne.
blanchieren	Gemüse kurz in kochendes Wasser tauchen.
dämpfen	geschieht in einem Siebkörbchen oder in einem Kartoffeldämpfer.
dünsten	in wenig Fett oder in wenig Flüssigkeit zugedeckt garen.
einen Spiegel gießen	von einem Sud mit Gelatine wenig Flüssigkeit in eine Form gießen, erstarren lassen und belegen, dann erst alle Flüssigkeit einfüllen.
hobeln	feinblättrig auf einem Hobel in Scheiben teilen, z.B. Gurke oder Rettich.

kleinschneiden	z.B.von Zwiebeln und Kräutern, Zwiebeln siehe b.Adam A 36, Kräuter fest zusammenrollen, und feinste Streifchen abschneiden und ggf. leicht durchhacken.
kneten	Butterteig sehr rasch mit **kalten** Händen, Hefeteig gründlich mit **warmen** Händen!
köcheln lassen	bedeutet auf kleiner Hitze leicht weiterkochen lassen.
kochen	Flüssigkeit muß sprudelnd kochen.
marinieren	in gewürzter Marinade durchziehen lassen.
mehlieren	dünn mit Mehl bestäuben.
pürieren	mit Mixstab fein vermusen.
raspeln	auf einer Rohkostreibe oder in einer Küchenmaschine in feine Streifchen reiben.
rösten	ganz schnell in der Pfanne etwas kurz bei guter Hitze braten.
rühren	mit Kochlöffel oder Rührgerät verschiedene Zutaten vermengen.
schlagen	mit dem Schneebesen die Masse locker hochhheben oder Elektroquirl benutzen.
stifteln	vor allem von Gemüse, sehr kleine Streifen mit der Hand schneiden. Siehe auch A 36.

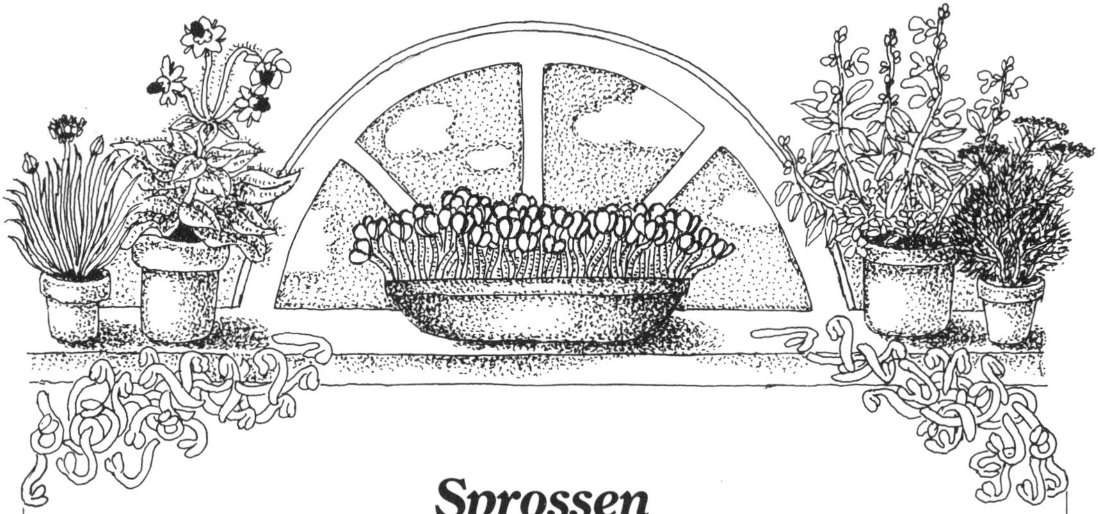

Sprossen

Sprossen bringen sichtbar Leben in Ihre Küche und ich frage Sie: Wo können Sie so viele Vitamine auf so kleinem Platz ernten **ohne** Hacken, Jäten, Düngen, Bücken, Gießkannen tragen, und nach Hause schleppen? Das gleiche gilt für Küchenkräuter, für die vielleicht auf dem Balkon oder im Garten ein Plätzchen frei ist. Sie haben auf diese Weise alles zur Hand und es kann "taufrisch" gerade vor Gebrauch geerntet werden.

Sprossen liefern nicht nur wertvolle Vitamine, sondern bringen, wie vor allem die Mungobohne, deren Sprossen oft als Sojabohnensprossen bezeichnet werden, hochwertiges Eiweiß mit. Und gerade dieses ist in der vegetarischen Küche besonders wertvoll. Sprossen passen auf alle Salate, Suppen, Eintöpfe und Gemüsegerichte.

Beim Einkauf von Samen, Kernen und Körnern sollten sie darauf achten, daß es sich um **Keimware** handelt. Ebenso wichtig ist meiner Erfahrung nach, die Auswahl der **Gefäße.** Denn es ist ein großer Unterschied ob Sie winzige Alfalfasamen oder Mungobohnen zum Keimen bringen wollen.

Am einfachsten zu ziehen sind:

Alfalfa (Luzerne) in einer Keimbox mit einer Einlage für die ersten Tage, damit die Samen nicht durchfallen. Täglich 2 x durchduschen. Ans Licht stellen. Keimdauer ca. 4 Tage.

Kresse geben Sie am besten in eine Schale mit ca.3 cm Rand, legen diese mit nassem, unbedrucktem Küchenkrepp aus und streuen den Samen ziemlich dicht darauf. Wasser darüber sprühen und während der ersten 2 Tage obenauf ein feuchtes Tuch über den Schalenrand legen. Nicht auf den Samen. Feuchthalten. Dann offen am Licht wachsen lassen. Bei ca. 5-6 cm Höhe mit der Schere abschneiden.

Radieschen- u. Rettichsamen in einer Keimbox ziehen, 2 x täglich gut durchduschen, abtropfen lassen. Ans Licht stellen.

Sonnenblumenkerne in einer Keimbox, nicht am Licht ziehen. Die Keime ca, 6 mm lang werden lassen. 1 x täglich gut durchduschen. Gut abtropfen lassen.

Grüne Mungobohne waschen, in einen undurchsichtigen Behälter mit Siebeinsatz geben. Lauwarm 1 Tag einweichen. Den Behälter am besten mit warmem Wasser bis zum Sieb füllen, oft,aber mindestens 3 x täglich, die Sprossen mit lauwarmem Wasser gut durchspülen. So keimen sie am schnellsten und am besten. Den Deckel des Behälters öfter einmal lüften. Mungobohnensprossen müssen dunkel aufwachsen! Wenn die Keime ca. 4 cm lang sind, die Sprossen mit scharfem Wasserstrahl im Behälter übergießen, dabei gehen die Hülsen ab, schwimmen oben und können nach Belieben leicht abgenommen werden. Sprossen vor Gebrauch gut abtropfen lassen.

Achtung: Bohnensprossen dürfen, wie alle anderen Bohnensorten auch, aus gesundheitlichen Gründen nicht roh verzehrt werden!

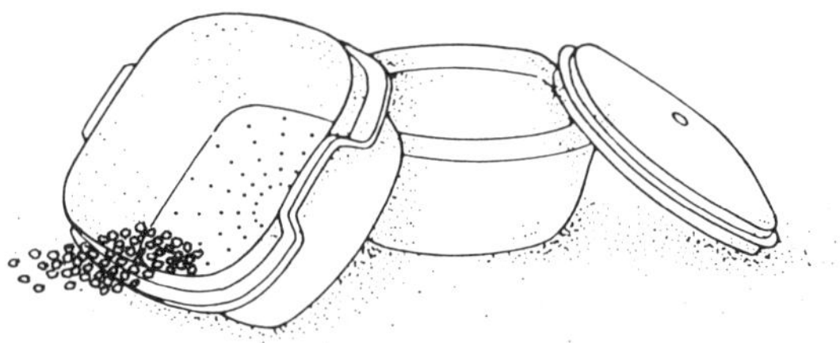

Einkauf

Lieber Adam, wenn Eva gerade keine Zeit hat, wird sie dankbar sein, wenn Sie ihr den Einkauf einmal abnehmen und sie nicht schleppen muß.

Bei verpackten Nahrungsmitteln werden Sie keine Schwierigkeiten haben. Schauen Sie aber vorsichtshalber auf die Auflistung der Inhaltsstoffe, wenn diese 1/3 der Verpackung bedecken, können Sie das Paket gleich wieder zurückstellen.

Bei Frischware gilt das Augenmerk wirklich der Frische. Achten Sie auf das Herkunftsland. Kaufen Sie vorwiegend einheimische Ware mit kurzen Transportwegen. Ausländisches Obst wird unreif geerntet, damit es den Transport besser übersteht. Unreife Früchte haben aber noch keinen Gehalt. Kaufen Sie Obst und Gemüse der Jahreszeit entsprechend, so bekommt es besser.

Kaufen Sie lieber weniger und gut. Fragen Sie nach Erzeugnissen aus natürlichem Anbau. Nur die stetige Nachfrage bestimmt das Angebot.

Nachdem ich Ihnen in diesem Buch das Gemüseschneiden zugeordnet habe, werden Sie von Ihrem guten Einkauf profitieren.

Würzen

Männer werden oft als große Würzmeister bezeichnet und es macht ihnen auch Spaß einem Gericht noch den letzten Pfiff zu geben, darum habe ich Ihnen, lieber Adam, dieses Kapitel zugeordnet.

Zunächst etwas Grundlegendes:

Würzen muß sein

nicht nur aus geschmacklichen Gründen, sondern auch aus dem damit verbundenen gesundheitlichen Wert. Gut gewählte Gewürze regen die Verdauungssäfte an - ein fades Essen dagegen bringt keine Anregung und "liegt einem im Magen" wie es im Volksmund so schön heißt.

Zusätzlich haben Gewürze eine reinigende und desinfizierende Wirkung. So haben die sehr scharf gewürzten Speisen in südlichen Ländern unbedingt ihre Berechtigung. In Zivilisationsgebieten sind sie in diesem Maße jedenfalls nicht nötig. Auch hier ist die Menge das Maß ob gut oder schlecht. Gewürze sollten den Geschmack der Speisen heben, verfeinern aber nie den Eigengeschmack übertönen.

Aber wie?

Da wäre an erster Stelle bei den meisten Köchen das **Salz,** das Sie am besten in Form von Meersalz nur **sparsamst** gebrauchen sollten. Salz speichert Wasser im Körper hindert die Ausscheidung und führt somit zu erhöhtem Blutdruck. Also sparsamst. Bei der Verwendung von vielen frischen Kräutern und Knoblauch werden sie ganz anders dosieren. Der individuelle Salzbedarf hängt auch von der körperlichen Anstrengung des Einzelnen ab. Ein Sportler, Bergsteiger oder Schwerarbeiter, der schwitzt und damit Salz verliert, sollte dieses auch ersetzen. Bei einem Stubenhocker ist das anders.

SEGRE, S.A.
R.S. 214141/CAT.

Gewürze

Neben den vielen heute erhältlichen frischen Kräutern steht auch eine große Palette von Trocken-Gewürzen zur Verfügung. Legen Sie sich ein sorgfältig ausgesuchtes Sortiment zu, dann macht Würzen richtig Spaß. Die in den Rezepten angegebenen Gewürze sind:

Curry, Würzmischung, regt Gallentätigkeit und Magensaft an.
Dajong, Chinagewürz, besonders vielseitig verwendbar.
Fenchel, darmberuhigend, besitzt keimtötende Wirkung.
Essig, in verschiedenen Sorten wünschenswert, bei Weiß- und Rotweinessig auf Weinessiganteil achten, da oft gering!
Flüssigwürze nur salzarm und pflanzlicher Herkunft verwenden.
Fünfgewürzemischung (Asiagewürz) feinabgestimmte Gewürze.
Ingwerwurzel fördert Speichelfluß,ist appetitanregend und aromatisch,hat stärkende Wirkung f.Wöchnerinnen.
Knoblauch nicht nur ein intensives Gewürz, sondern auch ein Allheilmittel, blutdrucksenkend, desinfizierend, hilft gegen Verkalkung und wirkt blutreinigend.
Koriander und Kümmel helfen Kohlsorten besser zu verdauen.
Majoran paßt für deftigere Gerichte, wirkt magenstärkend.
Meerrettich ist gut für Magen und Nerven.
Muskat, feines Gewürz, nervenberuhigend.
Oregano wilder Bergmajoran, köstlich zu Tomatengerichten.
Paprika Edelsüß und Rosenpaprika sind kreislaufanregend.
Pfefferkörner in den Farben schwarz, weiß und rosa (Baies roses lyphiliseés) wirken antibakteriell.
Rosmarin wirkt kreislaufanregend und erfrischend.
Sambal scharfes Peperoni - Mus, das für die Verdauung sorgt.
Senf wirkt saftproduzierend für Mund und Magen.
Sojasauce oder Soja-Pilzsauce Chinesische u.Japanische Flüssigwürze nicht nur für östliche Gerichte.
Tabasco, dünnflüssige Chilisauce, nur tropfenweise verwenden.
Thymian aromatisches Kraut, heilsam für Bronchien.
Tomatencetchup, bringt gut dosiert eine milde Würze.
Zitronen nur unbehandelte verwenden, trotzdem warm abwaschen.
Zwiebel in verschiedenen Sorten einkaufen, milde weiße, vitaminreiche violette, scharfe gelbe und Schalotten. Alle Sorten wirken antibakteriell. Der wichtigste Teil steckt innen. Also auch einmal das Grün auswachsen lassen! Zwiebeln wirken blutreinigend.

Kräuterbutter

verfeinert Teigwaren, Gemüse- Kartoffel- und Reisgerichte.

Zu einer guten Kräuterbutter benötigen Sie:

Ca. 200 g gemischte Kräuter wie:
Petersilie, Basilikum, Liebstöckel,
Pimpinelle, Salbei, Estragon, Thymian,
Borretsch und Schnittlauch.

Alle Kräuter waschen, von den dicken Stielen abstreifen und auf Küchenkrepp etwas abtrocknen lassen. Inzwischen in einen hohen Rührbecher

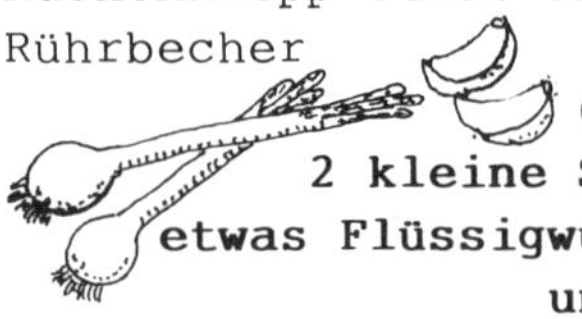

6 geschälte Knoblauchzehen,
2 kleine Schalotten halbiert, 1/2 Tl Meersalz,
etwas Flüssigwürze, 1 Msp Sambal Oelek, 2 El Weißwein
und die vorbereiteten Kräuter

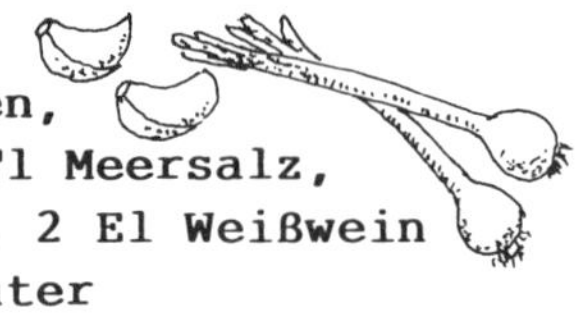

gleich zusammen mit **350 g zimmerwarmer Butter** in groben Stücken, mit dem Mixstab fest vermischen. Zwischendurch einmal abschalten um die Butter vom Becherrand nach unten zu schieben. Das ist schon alles! Sie brauchen also nicht wie früher die Kräuter extra hacken und die Butter schaumig rühren. So geht es viel schneller und die Kräuter verbinden sich viel intensiver mit der Butter, diese wird ganz grün und schmeckt ausgezeichnet. Um die Kräuterbutter aufzubewahren, läßt man sie erst im Kühlschrank fest werden, dann wird sie in Butterbrotpapier zu Rollen von 3 cm Ø oder zu rechteckigen Stangen geformt, eingewickelt kurz ins Kühlfach zum Anfrieren gelegt. Dann Scheibchen von beliebiger Stärke abschneiden, Butterbrotpapierchen dazwischen legen, in nicht zu großen Gefrierbeuteln einfrieren. So können die gewünschten Portionen leicht entnommen werden.

Das Aroma von frischen Kräutern bleibt von allen Arten der Aufbewahrung am besten in Kräuterbutter erhalten. Deshalb ist es gut in der Saison einen Vorrat anzulegen.

Den letzten Pfiff an Saucen erreichen Sie mit

Orangen-Alkohol

Aber bitte nicht trinken, lieber Adam!

2 unbehandelte Orangen — heiß abwaschen und fest mit Küchenkrepp gründlich trocknen, sehr dünn schälen damit keine weiße Haut mehr anhaftet. Schalen in eine reine, trockene Glasflasche mit etwas breiterem Hals geben.

1/4 l ca.70%igen Alkohol — darübergießen, gut verschließen und stehen lassen. Nach 8 Tagen ist bereits schon das Aroma übergegangen. Aber lassen Sie die Schalen ganz auslaugen, sie werden glashart und können dann entfernt werden, wenn zum Schluß der Alkohol gefiltert wird.

Orangen-Alkohol kann auch als Treibmittel beim Backen anstelle von chemischen Mitteln verwendet werden.

Eingelegter Ingwer

Nachdem frische Ingwerwurzeln nicht immer erhältlich sind, empfiehlt es sich, diese aromatische Wurzel einzulegen, damit man sie jederzeit zur Verfügung hat.

1 große Ingwerwurzel — schälen, in ca. walnußgroße Stücke schneiden, in ein breithalsiges Gefäß legen,(damit man leichter entnehmen kann). Mit

1/4 l-3/8 l 70%igem Alkohol — begießen und gut verschließen. Hernach kann zum Reiben oder Hacken entnommen werden.

Saucen

Männer mixen gerne Saucen und können dabei ihre Würzkünste zeigen und sei es manchmal auch nur am Schluß, zum "Abrunden" einen Spritzer Orangenalkohol oder 1 Messerspitze scharfes Sambal oelek oder einen Schuß Wein einzurühren.

Aber, lieber Adam lassen Sie der Sauce noch den Eigengeschmack. Wenig ist auch hier manchmal mehr.

Saucen sind für viele Gerichte unerläßlich, sei es aus reinen Geschmacksgründen oder weil das Essen sonst zu pampig würde.

Die Zeit der mit Mehl angedickten Saucen, Soßenbindern etc. ist noch nicht vorbei. Sie werden aber feststellen, daß die folgenden Rezepte sehr gut ohne diese Zutaten auskommen, köstlich schmecken und keine Dickmacher sind. Auch wenn Sahne mit 30% Fett enthalten ist, ist das unwesentlich im Gegensatz zu gekaufter Mayonnaise mit 80% Fett.

Denken Sie in diesem Zusammenhang auch an Magermilchprodukte, die mit dem Entrahmen auch wertvolle Inhaltsstoffe verlieren.

Wenn in den Rezepten zum Angießen Gemüsebrühe* verwendet wird, können Sie auch einen salzarmen Gemüsebrühwürfel verwenden.

Pilzsauce

zum Beispiel zu einem Reisgericht, schmeckt am würzigsten aus getrockneten Pilzen. Chinesische Pilze ausgenommen, diese Sorten passen hier nicht. Geeignet sind Morcheln, Herbsttrompeten, je nach Herkunftsland und getrocknete Champignons oder Egerlinge, die am unproblematischten sind und die Sie auch selbst einmal trocknen können.

Für 2 Personen:

40-50 g Trockenpilze	in
1/4 warmem Wasser	mindestens 1 Stunde einweichen.
1 Schalotte oder	
1 kleine Zwiebel	sehr kleinwürfelig schneiden.
2 El Butter	in einem kleinen Topf aufschäumen lassen, die Zwiebelchen hineingeben und anlaufen lassen. Die ausgedrückten Pilze zufügen. Das Einweichwasser aufheben. Die Pilze umrühren, den Topf zudecken, kleine Hitze einstellen, mit dem Einweichwasser nach und nach aufgießen, offen etwas einköcheln lassen, dann
1 Becher saure Sahne	erst mit
2 El süßer Sahne und	
1 El Flüssigwürze oder	
1 Tl Sojasauce	verklöppeln und ebenfalls nach und nach angießen bis die Sauce die gewünschte Konsistenz erreicht hat. Nach Belieben mit sehr feingehackter
Petersilie und	
Basilikum	bestreuen. Mit
1/2 Tl Balsamico Essig	abschmecken.